Despertar Financiero

Andrés de Zamacona Garza

Primera Edición: Agosto 2015

Web: www.savingslake.com

Contacto: andres@savingslake.com

ISBN-13: 978-1515259534

ISBN-10: 1515259536

El peor negocio es un buen negocio mal administrado.

A mi esposa Teresa,

quien creyó en mí cuando tan sólo era

un diamante en bruto.

(Tal vez lo siga siendo)

A los que me rodean,

quienes a través de buenas o malas experiencias

han forjado la persona en la que me he convertido.

Índice

Introducción

Imagina que estás en el asiento de piloto de uno de los primeros automóviles de combustión interna en el año de 1800s. Estás emocionado porque esta es la primera vez en tu vida que vas a conducir uno. Te pones cómodo en el asiento de piel y sujetas el timón con fuerza (usado para maniobrar antes de que los volantes fueran inventados). Te encuentras con un amigo a un par de cuadras de tu casa y te detienes junto a él.

– Buenos días – lo saludas cordialmente y le presumes tu automóvil nuevo.

- ¿Qué tan rápido va? – te pregunta.

Buscas el velocímetro pero no encuentras ninguno. – Bastante rápido – respondes mientras encoges los hombros.

– ¿Cómo sabes cuándo le tienes que llenar el tanque? – te vuelve a preguntar.

Buscas el indicador pero tampoco lo encuentras. Golpeas suavemente el tanque de combustible con la palma de la mano y escuchas como se mueve la gasolina en su interior. – cuando el tanque suene vacío. –

Como puedes ver, no había manera fácil de estar seguro en ese tiempo. Inclusive ahora no confiamos plenamente en el indicador de gasolina porque parece que se vacía más rápido en la segunda mitad que en la primera. Sin embargo, estos indicadores hacen maravillas en nuestras vidas diarias. Podemos hacer revisiones antes de salir de la ciudad para saber que todo está en orden. Podemos ver la velocidad a la que vamos para mantener una distancia segura con respecto al automóvil que va enfrente (en caso de que necesitemos frenar). Algunos automóviles te notifican cuando tienes los neumáticos bajos, cuando un automóvil se acerca por uno de tus costados y no es visible o incluso frena en caso de que vayas a chocar. Estos indicadores nos ayudan a manejar de una manera segura, tal vez no sin complicaciones, pero con muchísimas menos.

Podemos utilizar este tipo de pensamiento/indicadores en nuestro mundo financiero. No puedo asumir que los demás libros de finanzas personales no tengan información valiosa, seguramente la tienen, pero considero que suelen darle más importancia a las palabras que a los hechos. Se enfocan más en un acercamiento psicológico en vez de uno matemático/lógico. Ser rico financieramente no es cuestión de actitud; se necesita saber, planear y ejecutar correctamente.

A lo largo de este libro te enseñaré varios indicadores que te van a ayudar a saber dónde te encuentras, que tan rápido vas y que tan rápido necesitas ir para llegar a donde quieres. No te puedo asegurar que vas cumplir todas tus metas (todo tiene límites y es muy importante saberlos), pero es necesario saber dónde te encuentras actualmente y si estás haciendo lo correcto para llegar a tu objetivo. En caso contrario, que puedas hacer en tiempo los ajustes necesarios.

También te mostraré algunos de los errores comunes que suelen cometer las personas en su vida financiera y que afectan su futuro sin darse cuenta. En la escuela nos enseñan a trabajar duro, a hacer nuestra tarea, a conseguir un empleo y a ser exitosos en la vida, pero muchas veces dejan algo sumamente importante fuera de la ecuación. ¿Cómo podemos multiplicar nuestro éxito (para que no tengamos que trabajar tanto)? ¿Cómo es que algunas personas tienen dinero y otras no?

Abre tus ojos. Este es tu despertar.

Capítulo 1: Conceptos Básicos

Ahorrar dinero es como poner agua en un lago. Puedes depositar todos tus sueldos sin tocar nada y sin embargo un cierto porcentaje se va a evaporar inclusive en un día nublado. No significa que lo estés gastando, significa que cada día vale menos. Vas a poder regar menos cultivos, alimentar a menos animales, guardar menos para tus necesidades básicas, etc.

La inflación afecta tus ahorros directamente, por lo que si quieres tener una verdadera medida de lo que tienes (riqueza), necesitas considerarla. Si comparas la inflación entre Estados Unidos, México y Europa en los últimos 15 años (Ene 1999 a Dic 2014) independientemente, podemos ver que 1 DÓLAR en 1999 es equivalente a 1.46 DÓLARES en 2014, 1 EURO en 1999 es equivalente a 1.38 EUROS en 2014 y 1 PESO en 1999 es equivalente a 2.15 PESOS en 2014.

Obviamente estos datos son históricos y no predicen el futuro como algunos de nosotros quisiéramos, pero pueden ayudarnos a tener una buena imagen de lo que debemos esperar dependiendo de donde vivimos. Si yo vivo en México y voy a hacer una inversión, necesito tener un mayor crecimiento que si yo estuviera invirtiendo en Estados Unidos.

Si sumas todo lo que tienes en un punto inicial, que es 1999, y no tienes 2.15 veces eso en tu Lago de la Riqueza en el 2014 (y vives en México), perdiste dinero. Vas a poder comprar menos de lo que hubieras podido comprar en un principio. Algunas cosas suben o bajan de valor a través del tiempo, por lo que tienes que tomar "el precio en este preciso momento" de lo que tienes cuando lo estás sumando, en vez del precio en que lo compraste.

Por lo tanto, regresando al ejemplo del lago, necesitas considerar la cantidad de evaporación que vas a tener en tu lago dependiendo de tu ubicación para que puedas calcular el volumen de agua que debes de poner cada año para que mantenga el mismo nivel. También vas a tener que considerar el agua que utilizas para tu ganado, tu cosecha, etc. (vivir) para que no estés sacando más de lo que está ingresando. Tu objetivo es simple: Necesitas hacer tu lago más grande, pero más importante para ser una persona en bienestar económico, crear un sistema en el cual si disminuyes el flujo de agua que ingresa de tu trabajo (de tu sueldo), tu lago seguirá creciendo o al menos permanecerá al mismo nivel.

Es muy común (y triste) ver que gente que hizo mucho dinero durante sus "días de trabajo" se encuentre pobre en su retiro porque no planeó correctamente. Recuerda que ahorrar no es solamente tener dinero en tu cuenta de banco o debajo de tu colchón. Ahorrar es que tu dinero mantenga o aumente su valor a través del tiempo.

Ejemplo: Dos hermanos se gradúan de la universidad al mismo tiempo y empiezan a trabajar en diferentes compañías. Debido a que son recién graduados, les ofrecen un sueldo bastante similar. Los dos deciden ahorrar un 10% de su sueldo, pero en diferentes partes. Uno "invierte" su dinero en el banco en una cuenta de ahorro que le da 2% de crecimiento anual mientras que el otro decide comprar una casa que vende su papá. Para ayudarlo, su papá le cobra un interés igual a la inflación (4%). ¿Cuál de los dos hijos va a tener más dinero en 15 años?

Considerando que la inflación es de un 4% y que el interés ofrecido por el banco es de 2%, el primer hermano estará perdiendo aproximadamente 2% por año. Al final de cada año tendrá que multiplicar sus ahorros por el siguiente factor:

$$Factor = \frac{(1 + 2\%)}{(1 + 4\%)} = 0.9807$$

Esto significa que el dinero que ahorró el primer hermano en su primer año va a valer aproximadamente 74.73% de lo que valía al principio después de 15 años. El dinero que ahorró en su segundo año valdría 76.20% de lo que valía cuando lo depositó y así sucesivamente.

El segundo hermano ahorró su dinero en algo que incremento su valor igual a la inflación (que tiende a ser cierto en las casas). Por este motivo, su factor sería de 1.

$$Factor = \frac{(1 + 4\%)}{(1 + 4\%)} = 1.00$$

Esto significa que lo que guardó en el primer año va a seguir manteniendo su valor en el año 15 y así sucesivamente. Obviamente este es un caso ideal, si el papá le hubiera cobrado intereses superiores a la inflación es posible que el resultado del ejemplo sería lo opuesto.

Sin embargo, en ambos casos, su dinero no está realmente incrementando su valor a través del tiempo. Si tuvieras una tercera persona que hiciera crecer sus ahorros arriba de la inflación aunque fuera 1% (en el cual su factor fuera arriba de 1), tendríamos una diferencia significativa después de 15 años.

Vamos a decir que estas tres personas guardan 1,000 PESOS en sus diferentes maneras y esperan 15 años. El dinero del primer hermano valdría 747.3 PESOS a valor presente, el dinero del segundo hermano valdría 1,000 PESOS, mientras que el dinero de la tercera persona (que tenía un crecimiento de 1% arriba de la inflación) valdría 1,160 PESOS a valor presente. Si divides los montos finales de los últimos dos entre el monto final del primer hermano tendríamos que el segundo hermano tiene aproximadamente 34% más que el primero y que la tercera persona tiene 55% más dinero que el primer hermano, con tan sólo una pequeña diferencia en el crecimiento pero en un largo periodo de tiempo. Obviamente uno decreció el valor de su dinero mientras que el otro lo incrementó.

Si tomas a consideración que la mayoría de la población tiene crecimiento en sus ahorros inferiores a la inflación (debido a cuestiones educativas, culturales o políticas) y sólo un pequeño puñado tiene crecimiento superiores, vas a terminar con un escenario de desigualdad económica que se hace cada vez más grande.

Ejemplo: Un empresario invierte 1,000 PESOS en su negocio con un crecimiento del 14% anual, mientras que una segunda persona invierte 1,000 PESOS en el banco bajo un interés del 2%. La inflación es aproximadamente

4% al año. ¿Cuál será su diferencia después de un periodo de 10 años?

$$Factor\ del\ empresario = \frac{(1 + 14\%)}{(1 + 4\%)} = 1.096$$

$$Factor\ de\ la\ segunda\ persona = \frac{(1 + 2\%)}{(1 + 4\%)}$$
$$= 0.9807$$

$$Dinero\ del\ empresario\ después\ de\ 10\ años$$
$$= 1{,}000\ x\ 1.096^{10} = 1{,}000\ x\ 2.5$$
$$= 2{,}500\ PESOS$$

$$Dinero\ de\ la\ segunda\ persona\ después\ de\ 10\ años$$
$$= 1{,}000\ x\ 0.9807^{10} = 1{,}000\ x\ 0.8229$$
$$= 822.9\ PESOS$$

El empresario tendría aproximadamente 3 veces más capacidad adquisitiva que la segunda persona. Si esperará otros diez años, el empresario tendría 9 veces más y si esperará otros diez años después de eso, la diferencia sería de 28 veces aproximadamente.

Capítulo 2: Expectativas

Abres los ojos y te encuentras en la parte trasera de una sala de cine. Agarras un puñado de palomitas con sabor a mantequilla y las comes con absoluta complacencia. La película habla de un niño pobre que deseaba ser Rey. Él era un soñador y hacedor la mayor parte de la película, pero pronto se encuentra a si mismo disgustado porque sólo pudo lograr ser barón. Logró lo impensable y sin embargo terminó completamente infeliz.

Nuestras expectativas nos pueden empujar adelante hacia la felicidad o tirarnos abajo, inclusive aunque sea totalmente ilógico sentirnos de esa manera. Yo creo que la gente puede alcanzar casi cualquier cosa, pero no por apostar en la suerte. Por cada persona que se vuelve millonaria en Las Vegas, miles pierden lo que apuestan. ¿Puedo ser yo esa persona en miles o en un millón? Claro, es factible, pero extremadamente improbable. Yo preferiría apostar en una planeación cuidadosa y en una buena ejecución si estoy tratando de llegar a ser rico.

Cada uno tiene diferentes expectativas, por lo que primero te debes preguntar: ¿Cuáles son mis expectativas económicas para el futuro? Tener una casa que vale un cierto monto, poder viajar por tales partes del mundo, no ser una carga económica para mis hijos, etc.

Ejemplo: Quieres tener una casa de 6,000,000 de PESOS en 30 años. Tener aproximadamente 2,000,000 de PESOS para viajes y otros 4,000,000 de PESOS para mantenerte por los siguientes 20 años. En pocas palabras necesitas alrededor de 12,000,000 de PESOS de dinero de hoy que en 30 años serían con una inflación del 4% aproximadamente 38,920,000 de PESOS si vives en México.

Si sumas todos los sueldos que piensas que vas a tener de aquí a la fecha (considerando aumentos), lo multiplicas por un 20% de factor de ahorro, lo sumas a tu "Lago de la Riqueza" y no llegas a ese número, es muy probable que estés por debajo de lo que esperas. No hay necesidad de caer en pánico. Necesitas medir/saber para poder hacer algo, sino simplemente te estás dejando llevar por la corriente.

No importa si eres viejo o joven. Lo que importa es poder realizar los ajustes necesarios para poder tener un mejor resultado. Hablaremos posteriormente de donde obtuvimos el 20% por el cual multiplicamos nuestra suma de sueldos y como calcular tu factor real.

Ejemplo: Tienes 35 años y quieres retirarte cuando tengas 65. Tu sueldo anual es de 400,000 PESOS. Esperas tener incrementos en tu sueldo de aproximadamente 5% cada año. No entiendes exactamente cómo funciona la inflación, pero el valor presente de lo que aspiras tener son alrededor de 10,000,000 de PESOS. Eso significa que con una inflación del 4% en 30 años necesitas tener 3.25 veces como equivalente (32,500,000 PESOS). Actualmente tienes dos autos que valen 150,000 PESOS cada uno (son tuyos, no le debes nada al banco), una casa de 2,000,000 de PESOS (de la cual debes aproximadamente 1,000,000 de PESOS), muebles por aproximadamente 100,000 PESOS y 30,000 PESOS en el banco.

Tu Lago de la Riqueza tiene un valor de 1,430,000 PESOS, pero eso no significa que valdrá lo mismo en 30 años. Cada objeto tiene una cierta vida útil y después de que caduca (inclusive si es una casa) pierde su valor dramáticamente. En este caso, asumiremos que la casa tuvo su correcto mantenimiento y que tuvo plusvalía similar a la inflación. Esto significaría que aumentó su valor 3.25 veces. El auto y los muebles no valdrían nada. Supongamos que el poco dinero que tenías en el banco lo gastaste. Por lo tanto tu Lago de la Riqueza tendría un valor de 3,250,000 PESOS. Notarás que no utilicé el valor real de la casa si no lo que realmente era tuyo (Valor

Actual menos Deuda). Esto es porque el valor que restaba por pagar ya estaba considerado en el 20% de tu factor de ahorro.

Año	Sueldo	Suma	Mensual
1 a 5	2,210,252.50	2,210,252.50	36,837.54
6 a 10	2,820,904.51	5,031,157.01	47,015.08
11 a 15	3,600,268.42	8,631,425.44	60,004.47
16 a 20	4,594,956.21	13,226,381.64	76,582.60
21 a 25	5,864,457.89	19,090,839.53	97,740.96
26 a 30	7,484,699.47	26,575,539.00	124,744.99

Consideras que tu factor de ahorro es de 20% y obtienes que el 20% de tus 26,575,539 PESOS que vas a ganar durante los siguientes 30 años son 5,315,000 PESOS de ahorro. La suma de tu Lago de la Riqueza más tu ahorro es de aproximadamente 8,565,000 PESOS. Esto significa que no vas a conseguir lo que quieres.

Algunos pensarán – oye, yo sólo tengo 25-30 años y el retiro no es algo que tenga en la mente – bueno, puedes realizar este ejercicio pero en vez de considerar el periodo a largo plazo, lo puedes reducir a un periodo pequeño en el que vas a necesitar cierta cantidad de dinero.

Ejemplo: Eres un joven adulto que se gradúo de la universidad hace un par de años. Quieres tener un sueldo de alrededor de 1,000,000 PESOS por año en diez años.

Sabes que la mayoría de las personas que trabajan en tu área ganan aproximadamente 600,000 PESOS anuales después de diez años. Actualmente ganas 300,000 PESOS. ¿Qué es lo que puedes hacer?

Una tasa de inflación del 4% significa que vas a necesitar casi 50% más en diez años, por lo tanto, tu nuevo objetivo es ganar 1,500,000 PESOS por año para entonces. Suponiendo que vas a ganar lo equivalente a alguien con diez años de experiencia de hoy y que la inflación es del 4%. Por lo tanto estarías ganando 900,000 PESOS por año. Eso significa que necesitas ganar 600,000 PESOS más por año para alcanzar tu objetivo.

- Objetivo   1,500,000 PESOS (1,000,000 PESOS a valor presente)
- Salario esperado: 900,000 PESOS (600,000 PESOS a valor presente)
- Requieres: 600,000 PESOS extras por año para entonces

Ahora puedes planear cuanto vas a ahorrar de tu sueldo durante ese tiempo. Si ahorraras el 10% de tu sueldo durante diez años (considerando la inflación) tendrías lo siguiente:

- Porcentaje de Ahorro: 10% de tu sueldo anual.

- Sueldo de 10 años: 6,200,000 PESOS
- Ahorro de 10 años: 620,000 PESOS

En tu décimo año, tendrías que generar 600,000 PESOS de los 620,000 PESOS que tienes ahorrados en el banco. Esto significa que tu ahorro tiene que crecer 97% arriba de la inflación para mantener su valor y darte los 600,000 PESOS extras que quieres. Suena muy irreal.

Si en cambio hicieras crecer tu ahorro un 10% por encima de la inflación cada año (14%) y sigues depositando 10% de tu sueldo, tendrías aproximadamente 1,200,000 PESOS después de diez años. En este caso tendrías que generar 600,000 PESOS de los 1,200,000 PESOS que tienes ahorrados. Esto significa que tendrías que crecer 50% arriba de la inflación cada año para poder conseguir el dinero extra por año que quieres.

Con este conocimiento, puedes ajustar la cantidad de dinero que ahorras por año, buscar un negocio que te ofrezca un rendimiento mayor al 10% sobre la inflación o bien bajar tus expectativas de sueldo. Ahora ya tienes las herramientas para poder tomar una decisión.

Debes recordar que tus expectativas pueden afectar tu juicio y potencialmente te pueden empujar a tomar decisiones pobres. Por ejemplo, alguien que quiere imitar la vida de una persona con mucho dinero puede decidir gastar sus ahorros en un automóvil muy caro. Pese a que esto le puede traer satisfacción inmediata, la realidad es que el auto mantiene poco de su valor a través del tiempo por lo que en vez de estar ahorrando dinero para ser rico, estaría perdiendo oportunidad de crecimiento.

Las personas que realmente son ricas (no sólo temporalmente) gastan su dinero en cosas "caras" en un moderado a largo periodo de tiempo. Si realmente gastarán todo su dinero en un año para comprar lo que actualmente tienen le estarían dando a sus ahorros un golpe durísimo y muy probablemente dejarían de ser ricos. Si acabas con mucho dinero: no lo malgastes. Tu crecimiento material (activos de baja calidad) no debe de afectar tu crecimiento económico (Lago de la Riqueza).

Ejemplo: Eres un asalariado en una fábrica y ganas 20,000 PESOS mensuales. Vives en una casa rentada, eres dueño de un auto de 80,000 PESOS y no tienes ni un PESO en tu cuenta de banco. Gastas lo que ganas. ¡Revisas tus números de la lotería y te das cuenta que acabas de ganar DIEZ MILLONES DE PESOS! El valor de tu Lago del Ahorro ahora es de 10,080,000 PESOS (para este ejercicio asumiremos que fue libre de impuestos). Sales de compras a ver casas, autos, viajes, etc. Compras una casa de 6,000,000 de PESOS, dos autos de 800,000 PESOS cada uno y sales de viaje y gastas 400,000 PESOS. Triplicas tus gastos anuales y dejas de trabajar. ¿Cuánto tiempo vas a durar con este ritmo?

Considerando que gastabas 240,000 anuales antes de ganar la lotería, ahora tus gastos anuales serían de 720,000 PESOS. Esto significa que te vas a quedar sin dinero para el tercer año. Puesto que los autos pierden su valor aproximadamente 15% por año, para ese momento tendrían un valor aproximado de 500,000 PESOS cada uno. Debido a que tu casa aumentó de valor 4% anual, para este momento valdría aproximadamente 6,750,000 PESOS. Tu Lago de la Riqueza tendría un valor de 7,750,000 PESOS. Tendrías que vender los autos para seguir manteniéndote con los mismos gastos aproximadamente un año más. Para el cuarto/quinto año ya estarías vendiendo la casa.

Si hubieras visto la manera de incrementar tu riqueza 5% arriba de la inflación, hubieras podido tener lo equivalente a dos años de tu sueldo para siempre sin afectar el tamaño de tu Lago de la Riqueza y "sin trabajar". ¿Dónde está el verdadero problema?

Imagina que no ganaste la lotería, pero conseguiste la misma cantidad de dinero trabajando duro por un largo tiempo. Si te alborotas vas a tener el mismo resultado. No importa de dónde viene el dinero, sino en que lo gastas.

Capítulo 3: Tiempo

El tiempo es el recurso no-renovable más importante en nuestras vidas, pero también es uno de nuestros mejores aliados si lo utilizamos con sabiduría. Si leyeras 1 (un) libro cada mes, habrías leído 12 libros al final del año; matemática simple. Si alguien quisiera alcanzarte en conocimiento (basado en número de libros), ellos tendrían que leer 12 libros más los que tú podrías leer mientras te alcanzan. ¿Difícil? Sí. ¿Imposible? Para nada. Si leyeras esa misma cantidad de libros por año por cinco años, habrías leído 60 libros en total. Si alguien que malgastó su tiempo quisiera alcanzarte, le sería casi imposible hacerlo.

Lo mismo pasa con el dinero. Al principio, todos estamos en igualdad de circunstancias. Sí, alguien puede estar ganando dos o tres veces más que tú, pero si te mueves y haces un par de buenos negocios en los primeros años, puedes alcanzar a esa persona o inclusive superarlos. El problema se agrava cuando dejas pasar mucho tiempo. Sé que si ser rico fuera una competencia todos seríamos unos perdedores y sólo habría un ganador en la cima, por lo que no es exactamente de esa manera. Es más como una competencia personal en la que sigues una buena estrategia para alcanzar lo que esperas y sentirte realizado. El dinero no es la fuente de la felicidad, pero la falta del mismo sí puede hacer a alguien infeliz.

La experiencia en el trabajo no se basa en la cantidad de tiempo en que has realizado cierta actividad, se basa en la cantidad de conocimiento que has acumulado. Sí, es posible que una persona sepa más en su primer año que alguien que ha hecho diez años lo mismo. Nadie acepta que está mal o incompleto si ha realizado algo por diez años, inclusive si en realidad sí está equivocado.

Usa tu tiempo libre (en casa o en el trabajo) para aprender cosas nuevas que puedan complementar tu trabajo o tus inversiones. Esto puede influenciar enormemente en el éxito de tu profesión. No necesitas enfocarte completamente en eso, pero sí puedes dedicarle un par de horas a la semana para que después de un año sepas más que tus compañeros. Si eres un ingeniero, aprende sobre contabilidad y estrategias fiscales. Si eres un contador, aprende como programar y automatizar tu trabajo. Si trabajas en un restaurante, aprende como organizar los procesos para reducir los tiempos muertos y las ineficiencias. Si eres un arquitecto, aprende a negociar para incrementar tus utilidades cuando compras y vendes materiales. Si eres un ama o amo de casa, puedes aprender nuevas técnicas de inversión para realizar cuando tu esposo o pareja esté ocupada en el trabajo. Trabajar en algo específico no te limita a aprender cosas fuera de tu área de experiencia. Es muy saludable saber más de lo que no conoces. Te da la habilidad de tomar decisiones integrales en vez que decisiones limitadas.

Cada año te puedes especializar en algo diferente para que en un par de años puedas ser un profesional completo y no simplemente un operador de ciertas tareas. Hay formas de incrementar tus ahorros: puedes incrementar tus ingresos (tener varios ingresos, no sólo el de tu trabajo) o reducir tus gastos. Al incrementar tu ingreso y no tus gastos estás bajando el porcentaje de tu dinero que gastas en vivir.

La proporción de los gastos/ahorros entre los ingresos es una de las principales diferencias entre una persona adinerada en comparación con una persona que no lo es. Si eres alguien con un sueldo bajo, la mayoría de tu dinero va a ser gastado en cosas del día a día (Ejemplos: Transportación, comida, educación, etc). Si eres una persona con un alto ingreso, muy poco de tu sueldo va a ser gastado en las necesidades básicas y por lo tanto vas a tener un mayor porcentaje para invertir o ahorrar. Si haces que tu dinero crezca, tu proporción de gastos/ingresos va a disminuir y por lo tanto vas a poder invertir más y generar más dinero.

Capítulo 4: Gastar

Abres la puerta de tu casa recién comprada en los suburbios. Tu familia y tú están extremadamente felices. Has estado ahorrando dinero por un largo tiempo, y bueno, todo se alineó perfectamente para que sucediera este bello momento. Te sientas en tu sillón y agarras tu tableta para revisar tu estado de cuenta. Bueno, parece que está casi en ceros, pero la casa valió la pena. No te pasaste de tu presupuesto, tal como lo habías planeado. Sí, todavía debes parte de la casa, pero la inversión se pagará sola con el tiempo. No pagar renta y vivir donde es tuyo. Tienes un trabajo seguro, entonces no tienes nada de qué preocuparte. Es sólo cuestión de tiempo para que ahorres más dinero y puedas llenar la casa de accesorios y muebles. ¿Qué podrías estar haciendo mal?

No es cuestión de que algo este bien o mal: es cuestión de elección. Cada PESO que gastas es un PESO que se separa en dos partes. Una se pierde para siempre (nunca la vas a volver a ver) y la otra se acumula en tu Lago de la Riqueza. Todo depende en qué estés gastando tu dinero. No tiene nada de malo gastar en cosas que no acumulan valor, como la comida, porque tenemos que cumplir con nuestras necesidades básicas. Sin embargo, como quiera podemos administrarnos un poco mejor.

Ejemplo: Estás comprando una casa con valor de 3,000,000 de PESOS. Das un enganche del 20% y pagarás el resto a una tasa del 10.5% de interés a 20 años. Los gastos iniciales (avaluó y gastos notariales) son por 160,000 PESOS. Asumiremos en este caso que no se pagan seguros ni que hay otros gastos por administración de cuenta que los bancos suelen cobrar. Además, el pago mensual es fijo.

Sin hacer mucha matemática, tienes el siguiente resultado*:

- Enganche: 600,000   PESOS
- Gastos Iniciales: 160,000   PESOS
- Pagos a Capital: 2,400,000   PESOS
- Intereses aproximado: 3,350,000 PESOS

* La mayoría de los bancos tienen simuladores que te dan esta información.

Después de 20 años, habrás gastado 6,510,000 PESOS en una casa que tuvo un precio inicial de 3,000,000 PESOS. Si tomas en cuenta que la plusvalía de la casa es igual a la inflación (4%), la casa tendría un valor aproximado de 6,573,000 PESOS (sin considerar gastos de mantenimiento entre otras cosas). Bajo estos números pareciera que estás conservando el valor de tu dinero 1 a 1 en 20 años, sin embargo no es así. Si en vez de pagar mensualmente el crédito hipotecario hubieras depositado la misma cantidad de dinero en una cuenta de banco (mes tras mes) que creciera 4% por año (capitalizable mensualmente, que quiere decir que se calculan los intereses mes con mes), tendrías aproximadamente 9,536,000 PESOS. ¿Qué fue lo que ocurrió? Perdiste capacidad adquisitiva por el pago de intereses. En realidad tu dinero vale aproximadamente 69% de lo que debería de valer si hubiera incrementado su valor con la inflación.

Si vendieras la casa en el año 10 en vez del 20, es decir antes de que acabes de pagar el crédito, habrías pagado hasta ese momento 3,636,000 PESOS y todavía tendrías una deuda con el banco por 1,775,000 PESOS. El valor aproximado de la casa en ese momento considerando que la plusvalía es igual a la inflación es de 4,440,000 PESOS. Te quedarías con 2,665,000 que es el 73.2% de lo que habrías pagado a esa fecha. Obviamente, el dinero no vale lo mismo diez años después. Te quedarías con el 46.7% de lo que pagaste realmente en capacidad adquisitiva.

En este ejemplo, lo importante no es ver las cantidades de dinero (porque nos estaríamos engañándonos pensando que tenemos más dinero que antes) sino el crecimiento de nuestro Lago de la Riqueza después de cierto periodo de tiempo. Si compras una casa a 20 años y te esperas a finiquitarla antes de venderla, además de que estas perdiendo dinero por los intereses, estarías perdiendo 20 años de oportunidad de crecimiento mientras que si compras una casa a 20 años y la vendes a los 10 años estarías no sólo perdiendo crecimiento sino también perdiendo el 50% de lo que has pagado a la fecha de capacidad adquisitiva. No es la mejor inversión y eso que no estamos considerando los costos de mantenimiento. Si tuvieras que escoger entre rentar una casa e invertir tus ahorros o comprar una casa, tendrías que realizar la matemática de acuerdo al caso para saber que es más conveniente para ti. Podría ser que la renta es menor al crecimiento de tus ahorros.

Si haces este mismo ejercicio en la compra de autos, verás que los depósitos a tu Lago de la Riqueza son muy inferiores porque además de los intereses pagados y la inflación, los vehículos pierden su valor año con año. Estarías viendo algo más cercano a un 30% de depósito en tu Lago del Ahorro de lo que estás gastando.

¿Cómo podríamos realizar una medida rápida de los depósitos que estamos realizando a nuestro Lago del Ahorro?

Proporción de Depósitos Lago de la Riqueza (SLDR)

$$SLDR = \frac{\sum(Gasto * C) + (Ingresos - \sum Gastos)}{Ingresos}$$

Gasto = Cantidad de dinero gastada individualmente

$\sum$Gastos = Total de dinero gastado

C = Coeficiente de Proporción de Gasto

Ingresos = Ingresos totales percibidos

Ejemplo: Tú y tu esposa tienen un ingreso mensual de 40,000 PESOS, gastas 12,000 PESOS en una casa hipotecada a 20 años, 6,000 PESOS en la mensualidad de tu auto, 20,000 PESOS en todo lo demás y ahorras 2,000 PESOS al menos en el banco. Tu resultado sería de la siguiente manera:

$$\frac{(12,000 * 0.7 + 6,000 * 0.3 + 20,000 * 0) + (40,000 - 12,000 - 6,000 - 20,000)}{40,000}$$

SLDR = (10,200 + 2,000) / 40,000 = 0.305 ó 30.5%

Esto significa que el 30.5% de lo que ganas es depositado en tu Lago sin considerar inflación. Esto será considerado más adelante.

Recuerda que si te gastas los 2,000 PESOS que ahorraste más adelante, estarías afectando la Proporción de Depósitos de ese mes en particular. Por ejemplo, vamos a asumir que te gastas 2,000 PESOS en una fiesta sumado a los 2,000 PESOS que normalmente ahorras.

$$\frac{(12,000 * 0.7 + 6,000 * 0.3 + 24,000 * 0) + (40,000 - 12,000 - 6,000 - 24,000)}{40,000}$$

SLDR = (10,200 − 2,000) / 40,000 = 0.205 ó 20.5%

Ejemplo 2: Tú y tu esposa tienen un ingreso mensual de 40,000 PESOS, gastas 12,000 PESOS en una casa hipotecada a 20 años, 6,000 PESOS en la mensualidad de tu auto, 26,000 PESOS en todos lo demás (para esto necesitas endeudarte 4,000 PESOS por mes), tu resultado sería de la siguiente manera:

$$\frac{(12,000 * 0.7 + 6,000 * 0.3 + 26,000 * 0) + (40,000 - 12,000 - 6,000 - 26,000)}{40,000}$$

SLDR = (10,200 − 4,000) / 40,000 = 0.155 ó 15.5%

Esto significa que el 15.5% de lo que ganas va a tu Lago de la Riqueza, pero estás creando un futuro problema. Si sigues haciendo lo mismo, vas a incrementar tus futuros gastos porque vas a tener que pagar los intereses de la deuda que contrajiste (y vas a seguir teniendo la misma deuda). Esto va a hacer que cada vez sea menor tu proporción.

La fórmula de Proporción de Depósitos en el Lago de la Riqueza se utiliza para ver una tendencia en tus gastos, no para saber exactamente cuánto se está depositando. Como habrás notado, en los primeros años de un crédito hipotecario se paga mayormente intereses, mientras que en los últimos años se paga principalmente capital.

No siempre podrás evitar tener gastos con una baja o nula proporción de depósitos, puesto que todos tenemos necesidades básicas, pero vas a poder medirte y saber dónde debes de realizar los cambios. Una vez que tienes una proporción estable que te permita ahorrar dinero vas a poder enfocarte en multiplicarlo.

Generalmente no aconsejo contar la ropa, los electrónicos o algún otro objeto personal como parte de tu Lago puesto que generalmente terminan siendo regalados o tirados a la basura. Si compras un instrumento musical o algún otro objeto para vender (aunque inclusive sea basura), los debes de considerar y tratar como parte de tu Riqueza.

Cuando compras un mueble para tu casa, pese a que en un principio parezca como una inversión, puede ser que no lo sea. Todo depende del valor de reventa. Hay ciertos muebles (como las antigüedades) que mantienen su valor a través del tiempo (o tienen perdidas menores) con ciertos cuidados. Este tipo de objetos pueden ser considerados como parte de tu Lago hasta que ya no se puedan vender o su valor de Mercado sea cercano a nada.

Vocabulario de las Finanzas Personales

Hay tres cosas en las que puedes gastar tu dinero: En **Inversiones** (crecen con el tiempo), **Ahorros** (mantienen o pierden su valor con el tiempo) o en **la Nada** (no tienen valor de reventa).

Cuanto vas al banco y te ofrecen un crecimiento sobre la inflación, te están ofreciendo una inversión. Buena o mala depende de la cantidad de crecimiento que te están ofreciendo. Generalmente los bancos ofrecen bajos niveles de crecimiento puesto que ellos también deben de generar algo de ganancia para ellos. Este tipo de inversiones tienen bajo o ningún riesgo. Hay otro tipo de inversiones que te ofrecen mayores rendimientos, sin embargo suelen ser más riesgosas. El riesgo no significa fracaso seguro ni tampoco un volado en que o pierdes todo o ganas mucho. Hay ciertos proyectos que tienen altos rendimientos con bajo riesgo. Todo depende del lugar donde lo estás invirtiendo.

Si vas al banco y te ofrecen un crecimiento abajo de la inflación, te están ofreciendo una oportunidad de ahorro. El ahorro es cuando recibes lo mismo o menos de lo que tienes. Depositar el dinero en una cuenta que no te paga intereses en México significa que tu dinero después de un año va a valer 96% y después del Segundo año va a valer 92%. Cada año menos.

Gastar dinero en ciertos objetos con proporciones de depósito bajas también es considerado ahorro puesto que también se está depositando a tu Lago. Obviamente, alguien que invierte su dinero va a generar crecimiento superior que alguien que lo ahorra mediante el gasto.

Gastar en la Nada no acumula riqueza. Te compraste una hamburguesa y te la comiste, el sabor era excelente, pero eso es todo lo que vas a recibir por tu dinero (tal vez un par de gramos de grasa pero eso es todo).

Mientras que gastar en la Nada o ahorrar no hace crecer tu dinero, la inversión si lo hace y por lo tanto debe de ser tu objetivo principal.

Capítulo 5: Lago de la Riqueza (o del ahorro)

Tomas una bocanada de aire enfrente de tu lago de un kilómetro de diámetro. En el otro lado de donde estás puedes ver a tu ganado acercarse al volumen de agua para refrescarse. Hace muchísimo calor. Abres tus ojos y ves algo que nunca habías visto antes. Hay un gran pedazo de hielo en el centro del lago y sólo la punta sobresale de la superficie. ¡Puede ser un iceberg! La mayor parte de su volumen se encuentra bajo el agua, por lo que seguramente hay bastante que no puedes ver, pero a quien le importa que esté congelada, ¿verdad? Sigue siendo agua en tu lago.

Hemos aprendido que comprar casas y automóviles no son precisamente buenas inversiones como nos han enseñado a creer. Son maneras en que podemos ahorrar dinero (aunque no sean precisamente las mejores). Si compras una casa con un crédito hipotecario, esta va a tener la tendencia de perder poco su valor a través del tiempo (sin considerar impuestos y mantenimiento), mientras que si compras un auto, seguramente vas a perder más de la mitad de tu dinero. Sin embargo, son formas de depositar agua en tu Lago de la Riqueza, aunque tal vez no sean agua líquida. Este tipo de ahorros se pueden considerar como ahorros cautivos, similar al hielo que se encuentra en tu lago. Realmente no los puedes invertir en algo más, ni tampoco utilizarlos para vivir (para pagar compras).

Trataré de separar tu lago en tres partes: Ahorros líquidos (dinero), Ahorros Cautivos (Activos) y Aceite (Deuda). Pese a que todos parecen contribuir en volumen cuando los agregas en tu lago, el aceite tiene un impacto negativo y puede contaminar tu proporción de ahorro.

Lago de la Riqueza
$$= \textit{Ahorro Líquido (\$)}$$
$$+ \textit{Ahorro Cautivo (Activos)} - \textit{Aceite (Deuda)}$$

Ejemplo: Si tienes 100,000 PESOS ahorrados en el banco, una casa de 3,000,000 de PESOS y una deuda por 2,000,000 de PESOS. ¿Qué tan grande es tu Lago?

$$\textit{Lago de la Riqueza}$$
$$= 100,000 \; \textit{PESOS}$$
$$+ 3,000,000 \; \textit{de PESOS}$$
$$- 2,000,000 \; \textit{de PESOS}$$

El total de tu Lago es de 1,100,000 PESOS

Comprar cosas con deuda incrementa tus gastos a futuro debido a las tasas de interés y en consecuencia decrece tu ahorro. Por lo tanto, cuando parezca que tu Lago de la

Riqueza se está haciendo grande, en realidad estarías hacienda que crezca más lento (o inclusive decrezca) en el largo plazo. La única manera de sacarle la vuelta a esto es aprendiendo a invertir la deuda, la misma inversión paga la deuda (y los intereses) y te da una ganancia a ti.

Para poder comparar correctamente el tamaño de nuestro Lago de la Riqueza con años previos necesitamos utilizar una fórmula que incluya una corrección por inflación. De esta manera vamos a poder saber si en realidad perdimos o ganamos dinero. La realidad es que no importa si el porcentaje que teníamos en la formula SLDR nos daba positiva, la medición del lago es la herramienta infalible para saber si realmente crecimos o no.

Indice de crecimiento del Lago

$$= \frac{\dfrac{Lago\ de\ la\ Riqueza\ 2014}{(1 + Inflación\ entre\ el\ año\ 2014\ y\ 2013)} - Lago\ de\ la\ Riqueza\ 2013}{Lago\ de\ la\ Riqueza\ 2013}$$

Ejemplo: Si tu Lago en el 2013 fue de 600,000 PESOS y tu Lago en el 2014 es de 630,000 PESOS con una inflación del 4.05%. ¿Cuál es tu verdadero crecimiento?

$$Indice\ de\ Crecimiento = \frac{\dfrac{630,000}{(1 + 4.05/100)} - 600,000}{600,000}$$

$$= 0.0047\ ó\ 0.47\ \%$$

45

En uno de los siguientes capítulos, veremos los pros y contras de invertir la deuda, y como puedes crear un negocio rentable de la nada. Esto es especialmente cierto en países donde se tienen bajas tasas de interés.

Si vives en un país donde las tasas de interés son extremadamente altas, es aconsejable tener tu dinero guardado en algo que aumente o mantenga su valor a través del tiempo (sobre la inflación) o en alguna otra divisa donde al menos no pierda valor. Si vives en México por ejemplo, puedes tener una cuenta de banco en DÓLARES. No hay necesidad de mudarte a otro país. Si estás indeciso de las tasas de cambio, puedes ir al banco y comprar un forward de tipo de cambio. Este tipo de instrumentos te aseguran el tipo de cambio con una pérdida marginal.

Por ejemplo: Vives en un país donde la inflación entre el año 2014 y 2015 es de un 8%. Tenías 600,000 unidades el año pasado y este año tienes 630,000 unidades. ¿Creciste en el año?

$$Indice\ de\ Crecimiento = \frac{\dfrac{630,000}{(1+8/100)} - 600,000}{600,000}$$
$$= -0.028\ ó - 2.8\,\%$$

Perdiste dinero pese a que tu cuenta de banco diga lo contrario. Si dejas que el tiempo pase, cada año vas a tener menor capacidad adquisitiva. Si sigues en este camino, tu dinero valdrá 75.4% de su valor inicial en un lapso de diez años. Perdidas menores suman a pérdidas grandes con un periodo de tiempo largo.

La inflación crea estragos en tus ahorros si los dejas desentendidos. Cada cuarto de año debes de checar los estimados de inflación de tu banco nacional para que estés al tanto de que todo va acorde a lo planeado. Si esperas que haya una alta inflación y no encuentras ningún proyecto que te ofrezca rendimientos iguales o superiores a la inflación, tal vez sea momento de comprar un activo que mantenga su valor.

Así como la inflación puede destruir tus ahorros, un crecimiento sostenido año con año puede realmente hacer la diferencia. Si tienes un crecimiento del 5% anual arriba de la inflación en tu Lago de la Riqueza vas a tener 62% más de tu capacidad adquisitiva en diez años. Si continuas con el mismo crecimiento por diez años más, tendrías 165% de lo que tuviste en un principio (de capacidad adquisitiva, obviamente en número es mucho más.) Esto no parece mucho, pero hace una diferencia importante en tu vida.

¿Qué tan seguido debes de revisar el tamaño de tu Lago del Ahorro? Probablemente lo deberías de hacer una o dos veces al año, siendo una vez al año como mínimo. Si lo haces cada seis meses, vas a poder ver tendencias y hacer las modificaciones pertinentes. Todo depende realmente en qué lo estás invirtiendo. Personas con inversiones a largo plazo lo deben de hacer una vez al año, mientras que personas con compañías o con inversiones a corto plazo lo deben de realizar cada cuarto.

Capítulo 6: Multiplicación

El retorno de la inversión puede ser vista como la escala de Richter (es una escala logarítmica) en que cada vez que sube un punto, es diez veces más fuerte pero a diferencia de los terremotos, tiene una base de 2. Lo que esto significa es que cada vez que se duplica, tarda la misma cantidad de tiempo en duplicarse nuevamente (en teoría). Imagina que la inflación fuera tan alta que cada diez años tuvieras que duplicar tu dinero para tener la misma capacidad adquisitiva. Después de 30 años tendrías que haber duplicado tres veces: 1 PESO de hoy sería equivalente a 8 PESOS de entonces. Una inflación para que este caso se cumpla tendría que ser de tan sólo 7.2% por año. ¿No suena como mucho, verdad? Si tu crecimiento fuera de 7.2% por arriba de la inflación de tu país, tendrías ocho veces la capacidad adquisitiva de hoy después de 30 años. Si te esperarás 10 años más, tendrías 16 veces. Obviamente, con una cantidad baja de dinero es simple conseguir un crecimiento similar debido a que realmente no estás tocando las limitaciones del mercado. Con una cantidad grande de dinero tu crecimiento tiende a ser un poco menor debido a estas limitaciones u otras de operación. Cuando una compañía se vuelve demasiado grande y no la puedes controlar, tal vez sea momento de cambiar tus inversiones a la bolsa.

Inversiones tales como la compra de casas ofrecen un crecimiento bajo inclusive cuando las rentas. Como lo mencioné anteriormente, la plusvalía de una casa tiende a ser similar a la inflación (en promedio, obviamente hay casas que tienen mayor crecimiento y otras menos), pero la renta que cobras es lo que realmente te da ese rendimiento extra. Si rentas la casa a un 5% por ciento de su valor por año, vas a tener suficiente dinero para comprar otra casa en alrededor de 15 años (menos mantenimiento) mientras mantienes el valor de tu "depósito" inicial. Si decides comprar una segunda casa después de ese periodo, vas a tardar otros 15 años en duplicar lo que tienes. Es decir, después de los segundos 15 años vas a poder comprar dos casas más. Esto significa que después de 45 años (cuando tengas 75) vas a tener 8 casas rentadas como fondo de retiro. Un fondo que te da 40% del valor de una casa (8 casas rentadas al 5%) cada año y que mantiene su valor a través del tiempo (y a través de la inflación).

Obviamente, 45 años es mucho tiempo y muchas cosas pueden pasar, pero es una manera factible que hacerlo funcionar. El problema a este método radica en la inclinación mental que tenemos de querer gratificación inmediata. No queremos esperar 45 años para tener algo a cambio, inclusive cuando esa es la mejor opción que podríamos hacer en nuestras vidas. La mayoría de la gente utilizaría la renta de la primera casa para incrementar su nivel de vida y por lo tanto, prevenir crecimiento y reinversión.

El principal problema de un inversionista es el deseo del retorno inmediato y la realidad es que lo único que tiene un retorno inmediato <u>es un empleo</u>. Trabajas por una semana y al final de la semana (o de la quincena) te pagan. ¿Entonces que puedes hacer para romper este paradigma de la gratificación inmediata? En realidad tienes varias opciones.

Hablamos en capítulos pasados acerca de las expectativas e hicimos una tabla de nuestros ingresos futuros. Esta tabla nos ayuda a saber cuánto dinero esperamos recibir y la sana proporción de nuestro ahorro que necesitamos tener para poder invertir. ¿Cuánto dinero necesitas? Depende de la cantidad de dinero que quieras generar en un periodo de tiempo específico.

Ejemplo: Quieres empezar una empresa y necesitas 1,000,000 de PESOS para empezar. Actualmente tienes 100,000 PESOS en efectivo. Tu ingreso total es de 400,000

PESOS al año. Si ahorras el 10% de tus ingresos (y lo pones en una cuenta de banco que te de algo similar a la inflación) necesitarías 25 años. Entonces puedes esperar o puedes empezar por hacer pequeños negocios que te ayuden a acercarte a tu objetivo.

Después del primer año, tendrás aproximadamente 140,000 pesos, que es suficiente para: Comprar autos para revender o comprar dos máquinas expendedoras (por ejemplo). Cosas que no requieran tu completa atención (es decir, que no tengas que dejar tu trabajo), pero que te ayuden a multiplicar tu dinero. No te vayas alto en inventario en caso de que decidas comprar algo más. Tu objetivo no es hacerte rico de la noche a la mañana (o pobre si nada se vende), si no crear un camino seguro que te ayude a alcanzar una meta más grande. Este tipo de ventas te ayudan a tener rendimientos altos sin necesariamente entrar a limitaciones de mercado.

Por ejemplo: Compras una máquina expendedora de comida que vale 80,000 PESOS. Inviertes 6,000 PESOS en inventario y esperas tener un margen de utilidad del 50% de lo que vendas. Esto significa que tus 6,000 PESOS van a producir o convertirse en 12,000 PESOS. Esperas que todos los productos se vendan en un mes (obviamente estarías re inventariando la máquina para que nunca se quede sin producto y pierdas ventas).

Las cosas no salieron como lo esperabas, en vez de tener una utilidad de 6,000 PESOS mensuales tuviste una utilidad de 3,500 PESOS. Si divides 86,000 PESOS de inversión entre una utilidad de 3,500 PESOS al mes te da que vas a tener un retorno de la inversión en 24 meses. Si reinviertes toda la utilidad en otra máquina tendrías entonces un ingreso de 7,000 PESOS mensuales (3,500 x 2). Esto significa que podrías comprar una tercera máquina en 12 meses. Con una tercera máquina estarías generando 10,500 PESOS mensuales lo que significa que tardarías 8 meses para comprar la cuarta.

Si las máquinas dispensadoras tuvieran un periodo de vida de 5 años, para cuando la tuvieras que tirar tendrías 5 otras máquinas que tendrían un periodo de vida de 24 a 60 meses. Necesitarías tener 24 máquinas para que estuvieras comprando una nueva cada mes y esto debe de suceder antes de que tengas que tirar la tercera. Este tipo de proceso de multiplicación se puede utilizar en cualquier negocio que tenga fácil repetición. Es importante no seguir en este camino si te topas con el límite del mercado. Si lo haces, puedes cambiar tu negocio a algo más que sea de mayor valor y que no esté topado.

Por ejemplo, empiezas con máquinas dispensadoras, luego te pasas a autos, luego a maquinaria pesada, luego a casas, etc.

Entre mayor sea el crecimiento por año, más rápido se multiplica. Cosas que tienen un valor menor tienden a multiplicarse más rápidamente que cosas que tienen un valor alto.

También puedes buscar formas de invertir con deuda, que es algo grandioso siempre y cuando lo mantengas en niveles seguros. En el siguiente capítulo leerás como puedes incrementar tu tasa de crecimiento con la deuda.

Capítulo 7: Invertir Deuda

Un mago se inclina ante ti y te sonríe. Es obvio que algo oculta y aún no te quiere decir. En sus manos sostiene un icónico sombrero de mago de color negro y blanco. Te muestra el interior del sombrero e inclusive te deja buscar dentro de él. Todo parece legítimo, no hay ningún compartimiento secreto. Te vuelve a sonreír mientras se coloca el sombrero sobre su cabeza y extiende su varita mágica. Da un ligero golpeteo y se lo quita. ¡No lo puedes creer! Un conejo salta amigablemente sobre su cabeza.

La deuda puede ser tanto una maldición como una bendición, pero no es magia, pese a que algunas veces parezca serlo. Hay dos tipos de deudas: la que la utilizas para comprar cosas que bajan su valor (y por lo tanto incrementa tus gastos) y la que utilizas para comprar cosas que aumentan su valor más que los intereses (y por lo tanto incrementa tu ingreso).

Por alguna razón ilógica, las personas tienden a aceptar a la primera y temen a la segunda pese a que debería de ser lo opuesto. Si vas y compras un auto con deuda, estas "invirtiendo", pero si decides empezar un negocio con deuda, estás comprando "riesgo". Si, comprar algo que sólo trae placer y no tiene beneficio económico es una apuesta segura: una apuesta perdida. La forma correcta de invertir la deuda es al hacerlo de una manera moderada, tal y como si estuvieras comprando un auto.

Ejemplo: Tienes un sueldo mensual de 20,000 PESOS y utilizas 15,000 PESOS para vivir. Quieres ganar más dinero, pero no tienes manera de ahorrar suficiente para empezar un negocio. Decides comprar un auto usado por 100,000 dando un enganche de 20,000 PESOS. Estás seguro que puedes vender ese auto en 120,000 en un mes o dos si le das limpieza completa.

Vas al banco y pides dinero para comprar el auto. Te dan una tasa del 13% a 24 meses sin cargo por pagos anticipados. El pago mensual es de 4,500 PESOS de los cuales sólo 800 PESOS son intereses en promedio. No salen las cosas como pensabas y tardas 6 meses para venderlo a ese precio. Tus ingresos son por 120,000 PESOS y tus gastos (costo inicial del auto más intereses) es de 104,800 PESOS. Tienes 15,200 PESOS de utilidad al invertir 20,000 PESOS de enganche y 4,500 PESOS mensuales en un periodo de seis meses. No es el negocio de la vida (este ejemplo), pero funciona.

- Compras un auto de 100,000 PESOS con un préstamo de 80,000 PESOS
- Pagas 800 PESOS de interés mensual

- Pagas 3,700 PESOS a capital mensual
- Vendes el auto por 120,000 PESOS después de 6 meses

Ganancia = 120,000 PESOS (Vendido) – 100,000 PESOS (Comprado) – 800x6 meses (Interés) = 15,200 PESOS

No restas el pago a capital porque esto va directo a pagar la deuda, sin embargo, esto te afecta a ti porque estas invirtiendo tu dinero mientras vendes el auto.

Mes	Préstamo	Interés	Inversión
0	80,000	0	20,000
1	76,300	800	24,500
2	72,600	1600	29,000
3	68,900	2400	33,500
4	65,200	3200	38,000
5	61,500	4000	42,500
6	57,800	4800	47,000

Ejemplo: Quieres construir una casa para venderla, pero sólo tienes la mitad de lo que necesitas para comprar un terreno y realizar la construcción (el terreno y la construcción son 2,000,000 de PESOS y se vende en

2,300,000). Sabes que el margen de utilidad por una casa es de aproximadamente 15%. Si pides un préstamo para pagar la mitad que no tienes bajo una tasa de interés del 10% estarías pagando 100,000 PESOS anuales de interés aproximadamente. Intereses que no vas a pagar hasta que vendas la casa. Esto significa que si en un año realizas la construcción y la venta tus números se verían de la siguiente manera:

Casa se vende en:	2,300,000	PESOS
Inversión Inicial:	1,000,000	PESOS
Préstamo del banco:	1,000,000	PESOS
Intereses:	100,000	PESOS
Ganancia:	200,000	PESOS

* Si pides el préstamo al principio y no a la mitad de la obra.

Tu margen de utilidad sobre tu inversión es del 20% en vez del 15% que tendrías si invirtieras tú todo el dinero. Si se tarda más en vender la casa, puedes intentar bajar el precio para acelerar el proceso. Recuerda que la utilidad sobre la inversión se calcula por año y no por evento. Si tienes una utilidad del 50% en 10 años, esto significa que tuviste un crecimiento anual del 4.2%, lo cual no es bueno.

Lo mismo pasa si vendes cosas que tienen bajo margen por venta pero tienen muchas repeticiones en un año. Se va sumando para llegar a un buen crecimiento.

Así como cuando realizamos el ejemplo de la compra del auto, tienes que tomar en consideración el dinero que vas a necesitar para pagar el crédito. Si caes en insolvencia te van a cobrar intereses moratorios y esto puede afectar tus predicciones.

Capítulo 8: Equipaje

"¡Cambia tu vida para siempre! ¡Sólo deja de comer, deja de enviar a tus hijos a la escuela y deshazte de tu casa y serás rico!

Es probable que lo que has leído hasta ahorita suena maravilloso, pero ves tu situación actual y piensas que no es posible/factible. Ya tienes hijos que alimentar, gastos que realizar y demasiado equipaje como para apretarte el cinto. Mi mejor recomendación es no entrar en pánico. Si haces una revisión del tamaño de tu Lago de la Riqueza y te encuentras a ti mismo en el lado negativo o con una tendencia negativa, es momento de empezar a planear la forma de salir de tus problemas. No será sencillo, pero es mejor que no hacer nada.

Si tienes mucha deuda, tu primer paso es restructurarla. Trata de liberarte de las deudas con altas tasas de intereses e intercámbialas por algunas de bajos intereses con mayor plazo. El objetivo es evitar tener una tasa negativa de ahorro, porque eso seguramente te llevará al fracaso. Si tienes una deuda en aumento, enfócate a que no crezca más. Una deuda más grande significa mayores problemas y eso es exactamente lo que no quieres.

Ejemplo: Tienes 50,000 PESOS de deuda en cada una de tus tarjetas de crédito (tienes dos) a una tasa de interés de 30% anual. Eso significa que estás generando aproximadamente 30,000 de interés (obviamente si la tarjeta contabiliza mensualmente este número es mayor porque los intereses se calculan mes con mes). Si únicamente eres capaz de pagar el interés, nunca vas a salir de la deuda. Es aconsejable restructurar tu deuda en un sólo crédito bancario a una tasa menor. Es muy probable que pese a tu historial negativo puedas conseguir tasas de la mitad de lo que estás pagando con las tarjetas de crédito. Supongamos que consigues una tasa del 15% anual. Esto significa que pese a que estas pagando la misma cantidad de dinero mensual, estarías generando menos intereses. En este caso estarías pagando 15,000 PESOS a capital y 15,000 PESOS a interés en el primer año. Esto significa que cada año se estarían generando menos intereses y podrías pagar la totalidad de tu deuda sin aumentar el pago mensual. Destruye las tarjetas de crédito mientras haces esto porque vas a estar tentado a incrementar tu deuda.

El concepto completo del Lago de la Riqueza o del Ahorro es ver tus posesiones como dinero y no darles un valor sentimental. Esto no significa que no aprecies o valores lo que tienes; significa que vas a poder librarte de algo sin remordimiento si esto te acerca más a tu meta. Si tienes una propiedad que evitaría que tus deudas llegarán a niveles insostenibles te aconsejaría que la vendieras. La realidad es que te aconsejaría lo mismo si al vender la propiedad pudieras generar más dinero que si la conservarás. No es hacer lo que se siente bien; es hacer lo que *está* bien.

No siempre es así, pero incrementar tu equipaje es una decisión que tú tomas porque quieres. Buena o mala, es una decisión que va a tener ciertas repercusiones. Si tienes hijos, tus gastos se van a incrementar. Esto no significa que tener hijos es malo, para nada, puede ser la mejor decisión de tu vida, pero tiene consecuencias. Es lo mismo cuando compras una casa, un auto, te vas de vacaciones, etc.

Un análisis positivo se enfoca en los hechos y en las causas-y-efectos de una decisión o fenómeno. Se utiliza para ver el "así es" y no el "cómo me gustaría que fuera". ¿Cuál es la inflación de México? 4%. La respuesta siempre va a ser 4% sin importar si es algo bueno o malo. Estos números de control ayudan al gobierno a cambiar sus estrategias económicas para subir o bajar la inflación. Tú deberías de hacer lo mismo con tus números económicos.

Analiza la cantidad de dinero que tu equipaje va a requerir en el futuro para que puedas planear en consecuencia. Si sabes que tus hijos van a ir a la universidad en un par de años, necesitas tomarlo en consideración. De lo contrario puedes estar pensando que estás ahorrando y creciendo cuando en realidad tus ahorros están atados a un futuro gasto.

Capítulo 9: Ahorros líquidos vs Cautivos y la Deuda

Ella era rica; simplemente rica. Tenía cientos de hectáreas de tierra y una mansión impresionante. Su Lago de la Riqueza era tan grande como podría llegar a ser. Inclusive había dejado su trabajo hace un par de años para poder enfocarse en ver su riqueza crecer sin demasiado esfuerzo. Sin embargo, había algo que la tenía intranquila. Cada día abría las ventanas de su cuarto para mirar el Lago. Ella sabía que algo no estaba bien. Sí, no tenía nada de deuda, pero casi no tenía nada de agua líquida. Casi todo el lago estaba compuesto por montañas y montañas de hielo que se hacían cada vez más grandes. Un día, un auditor llegó a su casa para cobrarle un pequeño porcentaje de impuestos y sorpresa, ella no tenía como pagarle. Vender un terreno no era algo que se hacía en un par de días. Estaba en un aprieto.

Cada compañía y cada persona requieren dinero (efectivo) para sobrevivir. No podemos sobrevivir únicamente de nuestros activos (a menos que los vendamos), inclusive si están incrementando de valor. No se trata solamente de hacer tu Lago del Ahorro tan grande como puedas; tienes que hacerlo de una manera sostenible.

Tu ahorro líquido (dinero) puede ser utilizado en cualquier momento para comprar lo que quieras, ya sea algo que vaya a incrementar su valor o algo que no conserva nada. Su mayor defecto es que por sí sólo no produce más dinero. Si, puedes comprar activos como bonos de gobierno para asegurar que puedes retirarlo casi en cualquier momento (al vender el activo), pero siguen siendo activos. Una compañía compra material eléctrico para reventa está convirtiendo su dinero líquido (o deuda) en activos esperando a recibir un retorno mayor. El dinero no produce dinero por si sólo si no se invierte.

Los ahorros cautivos (activos) pueden variar entre aquellos que son a corto plazo, largo plazo o cualquier cosa en medio. Generalmente los activos de corto plazo (como las inversiones ofrecidas por el banco) tienen tasas de crecimiento bajas. Prácticamente te pagan menos que la inflación, pero representan una red de seguridad en la que puedes confiar. ¿Qué tanta seguridad necesitas tener? Depende de tus otros ahorros cautivos, tus gastos y tu deuda.

Ejemplo: La semana pasada compraste un automóvil nuevo sin esperar a vender el anterior. La deuda que contrajiste te requiere pagar 5,000 PESOS mensuales. Planeas pagar el crédito con lo que te paguen por tu automóvil viejo, pero no has encontrado a un comprador. Tu sueldo es de 40,000 PESOS mensuales y requieres 36,000 PESOS para vivir. Tienes 10,000 PESOS en tu cuenta de banco.

Cada mes tienes un déficit de 1,000 PESOS que se comerá lentamente tu cuenta. Inclusive si tu Lago de la Riqueza estuviera creciendo, si no manejas el problema a tiempo te encontrarás a ti mismo en una situación insostenible y tendrás que ampararte en un crédito para pagar otro. En este caso incrementarías tus gastos para pagar intereses que acabarían con tus ahorros.

No hay una mezcla correcta entre tus ahorros líquidos y tus ahorros cautivos; los tienes que calcular. El ejemplo anterior tendría el mismo resultado inclusive si fuera un monto mayor o menor. Mi consejo es que evites caer en déficits cuando inviertes en un activo. En lo personal prefiero que mis ahorros líquidos vayan creciendo mes con mes. Cuando ya junto cierta cantidad de dinero los convierto en algún activo a mediano o largo plazo pero sin afectar mi crecimiento líquido. Trata de mantener casi todos los ahorros líquidos en inversiones de banco cuando no los estés ocupando en alguna otra inversión. Pese a que las inversiones en bonos gubernamentales o similares no son realmente inversiones (porque te ofrecen crecimiento por debajo de la inflación), son una manera de perder menos de su capacidad adquisitiva cuando no estás haciendo nada más.

Capítulo 10: Tarjetas de Crédito

Eres un emprendedor. Las personas te conocen porque tienes las mejores ideas de la ciudad, además de que eres muy trabajador. Todo mundo sabe que vas a ser imparable. Te formas en la fila del banco para solicitar un crédito. Esto es lo único que separa el ahora y tu futuro prometedor. Detrás de ti se encuentra otra persona en la fila; un compañero que estuvo contigo en preparatoria y que sinceramente no era el más brillante. La gerente del banco te pide que la acompañes a su oficina. La sigues y te sientas en donde ella te indica.

- ¿Cómo te encuentras? – Te pregunta retóricamente. – Me han dicho que quieres un préstamo para poder empezar un negocio. - Tú asientas con la cabeza y sonríes. – Revisé tu expediente y me doy cuenta que nunca has tenido un crédito con nosotros ni con ningún otro banco. ¿Eso es verdad?

Asientes nuevamente. – Así es, ¿No habría problema con eso, verdad? Soy una persona trabajadora y tengo bastantes recomendaciones tanto profesionales como académicas.

Te mira detenidamente y suspira. – Lamentablemente, por políticas del banco no te podemos dar un crédito porque no tienes historial crediticio. Saca una tarjeta de crédito con un saldo menor y regresa en un par de años. Muchas gracias. –

Sales enojadísimo de la oficina de la gerente y te encuentras a tu conocido firmando los papeles para el crédito. A él si se lo autorizaron. Desgraciado.

Un historial crediticio es necesario si quieres solicitar un préstamo, ya sea bueno o malo. Como se mencionó anteriormente, la deuda puede incrementar tus gastos o tus ingresos. Todo depende de cómo y dónde utilizas el dinero. Es muy importante que los jóvenes tengan una tarjeta de crédito (con límite bajo) para que se puedan entrenar; no para aprender a pagar intereses cuando compran algo que no guarda su valor (independientemente si esto le agrade al banco o no), pero para responsabilizarse con la deuda y tener un historial. Pagar siempre el total de lo que debes en la tarjeta de crédito puede ser malo para el banco (pese a que como quiera reciben comisiones de las compañías cuando hacen una venta), pero siempre es bueno tener un historial. Si un una persona joven recibe una tarjeta de crédito en su maduración, van a tener un historial crediticio que los respalde para cuando empiecen a trabajar. En ese momento (como padres de familia), debes de ver los patrones de gasto que tienen tus hijos y hacer las modificaciones pertinentes.

Ejemplo: Solicitas una tarjeta de crédito para tu hija con un máximo de deuda de 5,000 PESOS. A ella sueles darle 1,000 PESOS por semana para sus gastos (que incluye la gasolina y compras personales). Le depositas su "domingo" en una cuenta de banco de la cual ella debe de pagar su tarjeta de crédito en línea.

De esta manera vas a poder ver sus patrones. Ella puede ser del tipo totalero en la que cada vez que usa su tarjeta la paga inmediatamente. Ella puede ser de las personas que se espera a la fecha de pago para pagar completamente. Peor aún, ella puede ser de las que no se administran y se gasta su siguiente "domingo" antes de que lo reciba. Puedes revisar cómo y cuándo se gasta su dinero y si algunas de las cosas que compra tienen un residual que va hacia su prematuro Lago del Ahorro.

Las tarjetas de crédito son excelentes para enseñar lecciones si se usan sabiamente. En este ejemplo, el límite de crédito equivalía a un mes de paga, por lo que si ella comete un error, las repercusiones van a durar un mes o dos. Si le das una tarjeta de crédito con un límite superior, la lección puede ser completamente otra de la que realmente quieres. Probablemente aprenderás a no confiarles dinero a tus hijos, que está mal.

Debes recordar que las tarjetas de crédito tienden a tener las tasas de intereses más altas del mercado, por lo que debes evitar usarlas como préstamo. Úsalas como una manera de no traer mucho dinero en tu cartera y como una forma de mejorar tu historial crediticio para cuando las necesites para verdaderas inversiones de negocios. Además, sin incrementar tus gastos, puedes ganar puntos que luego puedes usar como premios y evitar futuras salidas de dinero.

Capítulo 11: Etapas de la Vida

Pese a que cada uno de nosotros tomemos diferentes decisiones que afectan nuestro presente y futuro económico, todos pasamos por ciertas etapas bastante comunes. Podemos decidir no pasar por alguna (como el matrimonio, tener hijos, etc.), pero no son ajenas a nosotros realmente.

Niñez

En nuestra niñez y adolescencia (0 a 20 años aprox.), somos muy dependientes económicamente a las decisiones que toman nuestros padres. En pocas ocasiones podemos decidir en que gastamos nuestro dinero, pero la realidad es que todo va hacia el entretenimiento, las necesidades básicas o la ropa (que tiene un coeficiente de ahorro de cero). Pensamos que ahorrar es solamente depositar nuestro dinero en el banco para futuros gastos. En este momento no hay verdadera consideración de la inversión.

Tenemos poco o ninguna noción del costo de conseguir el dinero, y por eso mismo, no tenemos realmente interés de conservarlo.

Joven adulto

Una vez que empezamos a ser más independientes y nos empezamos a considerar como solteros (sin dependientes, 21-28 años), buscamos empleo para poder cubrir nuestras necesidades o deseos personales.

En la clase media mexicana, los jóvenes adultos se independizan cuando acaban su educación (universidad) y cuando consiguen un trabajo, sin embargo siguen viviendo en casa de sus padres hasta cuando se casan o cuando llegan a 30 años de edad o un poco más. Si no tienen suficiente dinero para ir a la universidad, simplemente no van y empiezan a trabajar inmediatamente.

En los Estados Unidos, los jóvenes adultos se suelen mudar de su casa cuando entran a la universidad (como 10 años antes o más que los mexicanos). Muchos de ellos se encuentran en situaciones en las que sus ingresos son igual o menores a sus gastos (por la falta de apoyo financiero por parte de sus padres o por malgastar el dinero). Si sus padres no pueden pagar (o no quieren) su educación universitaria, se ven forzados a pedir un préstamo que va a entorpecer su crecimiento en los años por venir.

Tal vez ninguno de estos dos escenarios aplique para nosotros, pero lo más probable es que nuestro coeficiente de ahorro sea bajo o nulo. Gastamos la mayoría de nuestro dinero en vivir (no guarda valor), entretenimiento (no guarda valor), viajes (no guarda valor) o autos (bajo coeficiente de ahorro). Si conseguimos ahorrar algo de dinero generalmente lo depositamos en una cuenta de banco sin fijarnos que nos dé un crecimiento superior o igual a la inflación.

Matrimonio

Crecemos y encontramos (o no) a la persona con la que nos queremos casar. Queremos una gran celebración por lo que nos termínanos gastando todo (o casi todo) lo que tenemos ahorrado hasta el momento en nuestra boda. Algunos de nosotros inclusive caemos en la deuda porque esto sucede "solamente una vez en la vida". En este punto, nos convertirnos completamente independientes de nuestros padres y nos empezamos a preocupar por nuestro futuro. Realizamos la mejor inversión en la vida que nos enseñaron: comprar una casa. No tenemos niños ni ningún tipo de dependencia además de nuestra pareja, por lo que el dinero que nos queda mes con mes lo gastamos en automóviles y/o en constantes viajes.

Pensamos que estamos completamente libres de compromiso económico y tendemos a tener poco o nulo ahorro fuera de lo que pagamos por la casa o el auto. Conseguimos mejores empleos y empezamos a considerar la opción de realizar el siguiente obvio paso en nuestras vidas: tener hijos.

Hijos

Para este momento, tenemos un porcentaje de ahorro de alrededor de un 25-30% porque gastamos la mayoría en la casa o en los autos. Tenemos aproximadamente 29-34 años. Empezamos a usar las tarjetas de crédito a diario en nuestras vidas. Comenzamos a comprar cosas que tienen un bajo o nulo coeficiente de ahorro en pagos mensuales porque necesitamos sentirnos premiados y porque de esa manera no "sentimos" el gasto.

Nuestros ingresos aumentan con el tiempo, pero de igual manera nuestros gastos. Anteriormente los gastos de la casa y del automóvil eran aproximadamente 40% o más de lo que ganamos, ahora bajan a ser como un 20-30%. El dinero restante va a vivir, vacaciones, educación o mobiliario. Esto significa que nuestro coeficiente de ahorro baja a un 15-20%. Más dinero no significaba mayores ahorros. La gente tiende a vivir de esta manera entre sus 35-40 años. Usan las tarjetas de crédito en moderados a altos niveles de endeudamiento puesto que todos tienen "emergencias".

Adulto Mayor

En esta edad recibimos otro estímulo económico puesto que entramos a los niveles altos en nuestros empleos. Nos entra una comezón por cambiar la casa por lo que la vendemos y compramos una mucho más cara y grande. Nuestro coeficiente de ahorro vuelve a subir a un 20-30%, pero un momento después de vemos forzados a volver a la realidad cuando nuestros hijos entran a la universidad. ¿Pueden necesitar un auto? ¿Verdad?

Una vez que llegamos a los 50 años, nos damos cuenta de algo sorprendente: nos vamos a retirar en diez años. Entonces acumulamos la mayor cantidad de dinero posible sin invertirlo porque consideramos que es muy riesgoso debido a que es el último dinero que vamos a ganar en nuestras vidas. Creemos ilusamente que el 10 o 20% que ahorramos en los últimos diez años va a sustentarnos cuando nos retiremos. Tenemos una casa grande y un par de años de dinero acumulado. Después de que nos acabamos nuestros ahorros, vendemos la casa grande y nos cambiamos a una más pequeña para seguir viviendo.

A lo largo de nuestra vida consideramos que la única manera de ahorrar es guardar el dinero y que eso va a ser suficiente, cuando en realidad lo que nos va a salvar en nuestro retiro es el crecimiento que puede tener nuestro ahorro a lo largo de toda nuestra vida.

Capítulo 12: La ignorancia no es felicidad

Eres un aventurero como ningún otro. Andas por una selva tropical en búsqueda de tesoros escondidos. Estás equipado con un látigo de cuero, un machete afilado, una pequeña pala y un mapa. Sí, las direcciones exactas hacia un futuro brillante y lleno de riquezas están en tus manos. Cortas un par de arbustos con tu machete y te haces paso por entre los árboles. Para tu asombro, te encuentras con un maravilloso espectáculo ante ti. Hay un inmenso templo que huele a oro y mantequilla a menos de un kilómetro de tu ubicación. Estás muy contento, pero sobre todo: apestosamente rico.

Caminas hacia el templo y te encuentras sobre una vereda llena de tierra mojada. No hay nada de qué preocuparse. Continúas hacia tu meta y ahora te llega el lodo hasta los tobillos. Nada te puede detener. ¡Casi estás ahí y no lo puedes creer! La tierra lodosa ahora te llega hasta las rodillas. Estás a menos de cien metros de tu destino. Ahora puedes distinguir las decoraciones de oro en la cima del templo que deben valer millones. Ahora te llega el lodo hasta la cintura. Esto es lo mejor que te ha pasado en la vida. Nadie te va a creer. Estás cubierto hasta los codos. Cincuenta metros y todo será tuyo. Te llega al cuello. Un par de metros más y todo va a estar bien. Eres el mejor aventurero de todo el mundo. Gulp.

La deuda es el depredador más paciente y astuto. Primero te hace pensar que es débil y que no representa una amenaza. Se ofrece a sí misma como comida para que no estés hambriento. Te da la mano para que confíes en ella. Se inclina ante ti como tu sirviente para que pienses que la puedes controlar. Te sorprenderá cuando algo malo suceda y pensarás que no es su culpa. Le echarás la culpa a todos y a todo lo demás. Tal vez hiciste una mala decisión en comprar ese algo en específico. Tal vez debiste de haber comprado otra cosa en vez de eso. La abrazarás con tanto júbilo que cuando te encuentres completamente perdido pensarás que la deuda es tu única amiga. Pensarás que la deuda es tú único boleto de salida. Estás muy equivocado.

No saber dónde te encuentras o hacia dónde vas no justifica el resultado. Puede ser una de las causas, pero no puedes usarla como excusa. Es tu culpa si no haces revisiones periódicas para ver que todo está bien y que todo sigue andando.

No dejes que el agua llegue hasta tu cuello para darte cuenta que algo está mal. Aprende a ver tendencias, a realizar los cambios pertinentes cuando apenas llega a tus talones. ¿Cuáles son los cambios pertinentes o correctos? Tal vez sea simplemente ajustar tus gastos.

Escenario: Eres despedido de tu trabajo. Tienes 150,000 PESOS en tu cuenta de banco. Estabas acostumbrado a ganar 60,000 PESOS mensuales y te ofrecen un trabajo de 40,000 PESOS. Tus gastos mensuales son 50,000 PESOS. Tienes que decidir entre aceptar o dejar pasar la oportunidad de trabajo. ¿Qué haces?

- Caso 1: Decides dejar pasar la oportunidad. Sin caer en insolvencia, tienes 3 meses para encontrar un trabajo que te pague lo que mereces.
- Caso 2: Aceptas el trabajo. Sin bajar tus gastos o caer en insolvencia, tienes 15 meses para conseguir un mejor trabajo o para reajustarte.

Escenario 2: Quieres darle a tus cuatro hijos la mejor educación que hay (y además, todos en tu familia están enviando a sus hijos a una escuela privada de renombre). Actualmente ganas 110,000 PESOS al mes. Tienes las siguientes opciones para tus hijos: Escuela privada de renombre (15,000 PESOS mensuales), Escuela privada normal (10,000 PESOS mensuales), Escuela Privada menor (5,000 PESOS). Tus gastos actuales sin considerar la colegiatura son de 60,000 PESOS.

- Caso 1: Inscribes a tus hijos en una escuela privada de renombre. Van a estar en los mismos salones de clases que sus primos. Tienes un déficit de 10,000 PESOS mensuales. Vas a adquirir deuda.
- Caso 2: Inscribes a tus hijos en una escuela privada normal. No van a tener el mismo nivel de educación que sus primos. Ahorras 10,000 PESOS mensuales.
- Caso 3: Inscribes a tus hijos en una escuela privada menor y ahorras 30,000 PESOS mensuales.

Escenario 3: Tienes suficiente dinero para comprar un auto nuevo. Has trabajado hasta decir ya no y nunca te das un gusto. Tienes 600,000 PESOS en el banco y gastarlo no te va a afectar en tu nivel de vida ni en tu sustentabilidad. Puedes comprar: Un auto de nivel alto (1,000,000 de PESOS con un interés del 10%), un auto de nivel medio alto (500,000 PESOS) o un auto usado de nivel medio (300,000 PESOS). Vas a comprar uno, no te estás dando opción.

- Caso 1: Compras el auto de nivel alto y eres la envidia de todos. Vas a terminar de pagar el auto en cuatro años sin problema alguno.

- Compras un auto de nivel medio y no adquieres deuda. Te quedas con 100,000 PESOS en tu cuenta de banco.
- Caso 3: Te quedas con 300,000 PESOS en tu cuenta de banco y seleccionas la tercera opción.

¿Cuáles son las decisiones correctas? No hay decisiones correctas o incorrectas. Cada una va a tener un diferente resultado y tú debes de decidir dependiendo del resultado que quieras tener. Ninguno de estos escenarios parecen ser de vida o muerte (tal vez el primero sí), pero puede que si lo sean.

En el primer escenario estás poniendo en riesgo tu sustentabilidad por querer tener el mismo nivel de vida que tenías antes. En el segundo escenario estás arriesgando caer en deuda / ahorrar dinero por la educación de tus hijos. En el tercero y último escenario, estás arriesgando la cantidad de dinero en tu Lago de la Riqueza y/o tus crecimientos futuros a cambio de tu bienestar actual.

Caer en deuda significa que vas a empezar a comer de tu Lago del Ahorro, lo que en consecuencia hace que disminuya su tamaño.

Por ejemplo: Escoges la primera opción en el segundo escenario. Vas a adquirir deuda para poder darles la mejor educación que encuentras a tus hijos. Vamos a asumir que pagas la colegiatura al final del año.

Año	Deuda	Intereses (10%)	Deuda de Colegiatura
1	0	0	120,000.00
2	120,000.00	12,000.00	120,000.00
3	252,000.00	25,200.00	120,000.00
4	397,200.00	39,720.00	120,000.00
5	556,920.00	55,692.00	120,000.00
6	732,612.00	73,261.20	120,000.00
7	952,873.20	92,587.32	120,000.00

Para el final del año 7, vas a deberle al banco aproximadamente 1,138,000 PESOS. Si hubieras escogido la segunda opción y hubieras invertido el dinero en algo que te diera un 10% anual, tendrías exactamente la misma cantidad, pero en tu cuenta de banco.

Capítulo 13: Nivel de vida

Este es tu momento en la vida. Abres tu cartera y el dinero finalmente está ahí. Tu trabajo por fin dio frutos y estás del otro lado de la caja registradora. Puedes escuchar ese hermoso sonido. *Cha-ching.* Te ves en la posibilidad de comprar todo lo que habías soñado: una mejor casa, un automóvil lujoso, viajes a Dubai, comida gourmet, entretenimiento, relojes (¿a quién no le gustan los relojes?), etc. Siempre te consideraste a ti mismo una persona de clase media, y eso está por cambiar. Caminas con confianza a tu viejo automóvil y con una sonrisa de oreja a oreja dices – Hasta la vista, baby.

¿Cuándo es realmente el momento de cambiar tu nivel de vida? Esas personas que trabajaron demasiado que se encuentran a sí mismas en esta posición frecuentemente dudan en demasía antes de gastar el dinero que tanto trabajo les costó. Ellos saben que inclusive el dinero obtenido trabajando se puede ir fácilmente, pero a su vez creen que ya es momento de recibir lo que tanto han estado deseando.

No hay una respuesta correcta para el cuándo se debe de hacer el cambio, pero si hay respuestas que van a prevenir el crecimiento futuro. Si vienes de la clase media, tus ingresos probablemente van a ser similares a tus gastos. Este flujo positivo de dinero significa que vas a tener mucho dinero sobrante. Este es el momento en que utilizas ese dinero extra en crear maneras de incrementar tu ingreso y diversificar. ¿Recuerdas el ejemplo en que una persona se ganó la lotería y se gastó todo el dinero? Su problema fue que cerró todos los ingresos a su Lago de la Riqueza; era pura agua saliendo. Si gastas todo tu nuevo ingreso en cosas con bajo o nulo porcentaje de ahorro, no vas a estar preparado en caso de que las cosas salgan mal.

Debes invertir ese dinero extra para que el crecimiento de ese dinero sea el que pague tu cambio de nivel de vida sin afectar el ingreso de tu trabajo (o compañía) actual. Los intereses de tus ahorros son los que van a pagar lo que siempre deseaste, y tu lago del Ahorro va a seguir en crecimiento con el ingreso extra que recibes mes con mes de tu actual trabajo.

Ejemplo: Este es tiempo de celebrar. Tu ingreso se fue de 125,000 PESOS mensuales a 400,000 PESOS y parece que se va a mantener. Finalmente llegó el momento que tanto esperabas; tu sueño americano. ¿Qué puedes hacer?

- Caso 1: Cambias de casa, cambias de auto y te vas en el viaje que tanto te mereces. Incrementas tus gastos justo debajo de 400,000 PESOS mensuales para que sigas ahorrando (aunque sea poquito). Tu Lago del Ahorro sube poco con el incremento en tus ingresos.

- Caso 2: Inviertes los 275,000 PESOS mensuales sin cambiar tu estilo de vida. Esperas que puedes invertir ese dinero y obtener un 10% sobre la inflación con un nuevo negocio que acabas de crear. Al final del año utilizas el crecimiento para ti.
- Caso 3: Ahorras todo tu dinero en una cuenta de banco de bajos intereses pero sin riesgo. Puede que necesites ese dinero en algún otro momento.

En el primer caso, tu Lago de la Riqueza sí incrementa, sin embargo tu proporción de ahorro no. Tu ingreso creció y también tus gastos en el mismo porcentaje. Las cosas van a estar mejor que antes, pero no estás tomando las decisiones que te llevarán a una mayor riqueza.

En la segunda opción, vas a incrementar tu Lago del Ahorro por 275,000 PESOS mensuales e incrementar tu nivel de vida (al igual que incrementar tu proporción de ahorro). Considero que esto es una situación ganar-ganar. Estás preparado para el futuro y tu dinero mantiene su valor. Lo bueno de esta opción es que vas a empezar a ver una correlación entre tu nivel de vida y el dinero (crecimiento) que generas de tu Lago de la Riqueza. Te vas a enfocar más en generar más dinero que en consumir lo que ya tienes.

La tercera opción es un punto de vista a lo que yo le llamaría avaro o miserable. Pese a que tu Lago de la Riqueza va a incrementar obviamente, porque no estás gastando tus ingresos, no lo estás multiplicando. No lo quieres compartir con nadie ni arriesgarlo. Como no hay riesgo, no hay crecimiento. No vas a recibir nada, sólo el alivio de que el número en tu cuenta de banco está incrementado, pero no porque esté creciendo, sino porque estás depositando más. Si tu ingreso para o se detiene, vas a empezar a consumir de tu Lago del Ahorro y no de los intereses que está generando.

¿Qué pasa si no encuentro dinero en mi cartera o mi crecimiento es muy pequeño? ¿Cómo defino mi nivel de vida? Si tu estilo de vida está ocasionando que recurras a la deuda, estás en el nivel equivocado. Si no ves crecimiento en tu Lago de la Riqueza, podrías estar en el nivel equivocado (o no estás invirtiendo correctamente). Si tus gastos tienden a ser en cosas que tienen bajo o nulo nivel de ahorro y te estás gastando todo tu dinero, muy probablemente estés en el nivel incorrecto.

Sé que es difícil, no estar en el nivel de vida que te educaron (si eres un recién casado o un nuevo profesionista) al principio, pero tratar de empezar en un nivel alto significa que no vas a crecer por un tiempo. Si ganas 20,000 PESOS mensuales, no deberías pensar en tener un auto lujoso. No es porque no te lo merezcas si no porque te va a hacer más daño que bien.

Recuerda, usar el crecimiento de tu Lago del Ahorro (intereses) para vivir es más sabio que usar tus ahorros, pero realmente es cuestión de hacerlo en el momento correcto. Si haces esto en tus primeros años, vas a limitar tu crecimiento a futuro y no vas a llegar lejos. Debes de buscar reinvertir el 100% de tu crecimiento por los primeros años sin tocar en ningún momento tu Lago de la Riqueza.

Capítulo 14: Compañías

- ¿Quisiera un café señora? – te pregunta tu asistente. Asientes amablemente y ella sale de la oficina. Miras por la ventana desde el vigésimo piso y ves lo que has logrado. La compañía es por mucho mejor de lo que habías creído que podría ser en un principio. ¿Quién pensó que la mermelada pudiera hacer tanto dinero? Ves lejos hacia las afueras de la ciudad. Se puede ver una enorme represa que hiciste con tu trabajo. Pero, ¿Cómo funciona? ¿Cómo cuantificas esta enorme empresa (o una pequeña) en tu Lago de la Riqueza?

En realidad, es muy simple. Una compañía es un activo, tal como lo es una casa, un auto o una inversión en la bolsa. Los activos pueden cambiar su valor a través del tiempo. Un automóvil generalmente disminuye su valor, una casa generalmente lo incrementar similar a la inflación y una inversión en la bolsa varía dependiendo del comportamiento actual de la misma. La pregunta es, ¿Cómo le das un valor número a una compañía?

Lo haces de la misma manera que te darías valor a ti mismo. Sumas todo los valores reales de los activos menos la deuda. Ejemplo: Eres dueño del 50% de una compañía de servicios. El contador te da la siguiente información:

Tu Compañía

Balance

Diciembre 31,2014

Activos

Activos Circulantes

Bancos	1,000,000	PESOS
Clientes	500,000	PESOS
Inventario	0	PESOS
Total	**1,500,000**	**PESOS**

Activos no Circulantes

Terreno	800,000	PESOS
Construcción	1,000,000	PESOS
Depreciación Acum	-200,000	PESOS
Total	**1,600,000**	**PESOS**
Total Activos	**3,100,000**	**PESOS**

Pasivos

Pasivos a Corto Plazo

Proveedores	300,000	PESOS
Sueldos por Pagar	100,000	PESOS
Impuestos	50,000	PESOS
Total	450,000	PESOS

Pasivos a Largo Plazo

Préstamo	300,000	PESOS
Total	300,000	PESOS

Total Pasivos **750,000** **PESOS**

Capital

Capital	1,000,000	PESOS
Utilidades retenidas	1,350,000	PESOS

Total Capital **1,750,000** **PESOS**

Total Pasivos y Capital **3,100,000** **PESOS**

Debes de considerar el valor real de la propiedad y no la que te dan los contadores en el balance. Tal vez pudiste haber comprado la propiedad en 800,000 PESOS, pero puede que ahora valga el doble que eso. Para calcular menos utilidades, el gobierno te deja depreciar tus activos de construcción, autos, etc. Debes ignorar esto y sacar el valor real de mercado de cada una de las cosas. En este ejemplo vamos a suponer que tu propiedad ahora vale 2,500,000 PESOS (terreno y construcción).

En los activos circulantes, puedes ver que los clientes te deben 500,000 PESOS. No debes de utilizar este número en el valor de tu compañía si es una deuda vieja o incobrable. ¿Qué debes de considerar como viejo o incobrable? Algo que va a estar muy difícil de cobrar en el corto o mediano plazo. Yo tiendo a ser muy objetivo y me preparo para lo peor. Si un cliente te debe dinero y han pasado tres años desde que te pagaron, considéralo como perdido en el valor de la compañía. Sí, vas a hacer todo lo legalmente posible para cobrarlo, pero no lo vas a considerar hasta que recibas el dinero.

Bancos	$	1,000,000.00
Clientes	$	500,000.00
Propiedad	$	2,500,000.00
Pasivos	-$	750,000.00
	$	3,250,000.00
Porcentaje de la compañía que es tuyo		50%
Valor de la compañía	$	1,625,000.00

Tu compañía vale 1,625,000 PESOS en tu Lago de la Riqueza. ¿Qué pasa si los socios deciden sacar 200,000 PESOS cada quién?

Tu Largo de la Riqueza se va a incrementar 200,000 PESOS en ahorros líquidos pero el valor de la compañía que te corresponde va a decrecer 200,000 PESOS por lo que se va a quedar igual. Recuerda que sacar dinero de la compañía la puede poner en una posición de insolvencia o bien te va a ocasionar pagar impuestos y pueda ser una mala decisión. Por ejemplo, si cada uno de los socios sacara 500,000 PESOS, el valor de la compañía sería de 2,250,000 PESOS, sin embargo, para continuar las operaciones la compañía necesitaría solicitar un crédito.

Al final, perderías futuras utilidades porque tendrías que pagar intereses.

Como nota, una compañía puede realizar los mismos errores que una persona en sus gastos o inversiones. Por ejemplo: Una compañía tiene la posibilidad de comprar el lugar donde está rentando, o volver a firmar un contrato por 5 años. Actualmente pagan 200,000 PESOS al mes como renta (2,400,000 PESOS al año) o pueden comprar el lugar por 40,000,000 de PESOS. Actualmente tienen suficiente dinero para comprarlo, pero tienen que decidir si comprar el lugar o seguir rentando e invertir el dinero en algo más. Si se esperan otros 5 años para comprarlo y tienen una inflación del 4.56% por año, tendrían que pagar 50,000,000 de PESOS. ¿Qué deben de hacer?

Actualmente están pagando 6% de lo que vale el lugar. Para el final del contrato de 5 años habrían pagado el 30% de lo que vale (12,000,000 PESOS). Si invierten los 40,000,000 de PESOS en una nueva línea de producción que tiene un tiempo de vida de diez años, generarían 10,000,000 de PESOS (utilidad, no ventas) por año. Esperan que vayan a recuperar su dinero en cuatro años (sin considerar inflación). El precio residual (o el precio de marcado en caso de venta) de la línea de producción después de 5 años es de 20,000,000 PESOS.

Escenario 1 (comprarlo)

Después de 5 años tendrían los siguientes números:

Lago de la Riqueza de la Compañía = 50,000,000 de PESOS (valor del lugar) + Otras utilidades + Activos previos.

Escenario 2(rentarlo)

Después de 5 años tendrían los siguientes números:

Lago de la Riqueza de la Compañía = 50,000,000 de PESOS (bancos) – 12,000,000 de PESOS (renta) + 20,000,000 de PESOS (valor residual línea de producción) + Otras utilidades + Activos previos.

Lago de la Riqueza de la Compañía = 58,000,000 de Pesos + Otras utilidades + Activos previos.

Escenario de control (no hacer nada con el dinero)

Después de 5 años tendrían los siguientes números:

Lago de la Riqueza de la Compañía = 40,000,000 de PESOS (bancos) – 12,000,000 de PESOS (renta) + Otras utilidades + Activos previos.

Lago de la Riqueza de la Compañía = 28,000,000 de Pesos + Otras utilidades + Activos previos.

Sin importar cuál de las dos opciones escojas, ninguno de los dos ejemplos está mal. En el primer escenario, aparte de que conservas el valor de tu dinero a través del tiempo, eliminas la renta. Por lo tanto, estás haciendo dinero (o al menos evitar gastos) que anteriormente tenías. En el segundo escenario, obviamente estás generando dinero. Después de cinco años podrías comprar el lugar y tener 8,000,000 de PESOS más en bancos. En el escenario de control, estás perdiendo dinero. Estarías perdiendo 44% de lo que tendrías si no compras el lugar o 52% si no dices invertir en la línea de producción.

Es muy fácil perderte en el estatus quo y pensar que si no haces nada las cosas no van a empeorar. Sí, el dinero en el banco incrementa porque el ingreso es constante y estás gastando menos dinero de lo que recibes como persona o compañía, pero necesitas darte cuenta que no estas generando utilidad de lo que ya tienes ahorrado. Estás perdiendo oportunidad de crecimiento.

Capítulo 15: Conclusión

Acabas de concluir tus estudios como Licenciado en Marketing. Estuviste estudiando por varios años fuera de tu casa, por lo que esperas con ansias regresar. No sabes cuánto gana una persona de tu edad en tu ciudad natal, por lo que decides preguntar a todos tus conocidos antes de conseguir tu primera entrevista. Te vistes muy bien, tienes una excelente primera impresión y consigues un trabajo en una empresa pequeña. Como todavía vives en casa de tus papás, tu primer sueldo va directo a tu cuenta de banco. Empiezas a tomar nota de todos tus gastos.

> **Tip:** Sin indicadores puede que tengas la creencia de saber lo que estás haciendo, pero no lo sabes con seguridad. Crea tu propio tablero y empieza a trabajar con él. Vas a encontrar varios indicadores útiles en este libro.

Pasa un año y todo parece que está a tu favor. Recibes un aumento en tu sueldo de 5%. Estás increíblemente feliz, pero cuando sales a comprar las cosas que tanto querías, te das cuenta que puedes comprar casi lo mismo que lo que podías comprar con un sueldo menor el año anterior.

Algo debe de estar mal, el aumento no sirvió de mucho. Vas al banco y revisas tu estado de cuenta. Al parecer ahorraste el 30% de tu sueldo del año anterior, sin embargo, la realidad es que el dinero no tuvo crecimiento. Revisas las opciones de inversión con el asesor y te ofrece un crecimiento del 3%.

Tienes 25 años ahora y te ves a ti mismo con una casa para los 35. Empiezas a sumar todos los sueldos que crees que vas a tener hasta esa fecha y te das cuenta de que no es lo que esperabas. Tal vez te encuentres en el trabajo equivocado. Buscas un mejor trabajo pero no encuentras nada, todo mundo te dice que necesitas tener al menos 3 años de experiencia para una mejor posición.

Piensas nuevamente en tu posición y tratas de sacar lo mejor de tu situación actual. Empiezas a investigar cómo puedes mejorar a la empresa en la que trabajas. Aprendes como reposicionar los productos y a incrementar las ventas. Todos a tú alrededor están tan acostumbrados a sus trabajos que piensan que sólo es eso: un trabajo. Debes de entender que esto no es sólo un trabajo, es una oportunidad de aprender cómo funcionan las cosas con el dinero de alguien más.

facilidad para empezar una constructora que alguien que no. El tiempo bien usado puede incrementar la brecha económica o de conocimiento entre las demás personas y tú.

Tus compañeros de trabajo gastan casi todo su dinero en vivir y estás decidido a no ser como ellos. Pueden ser buenas personas y las respetas, pero quieres llegar más lejos. Reduces tus gastos sin afectar tu vida social. Todavía sales con amigos, pero administras mejor tu gasto cuando lo haces.

Tip: Tus gastos definen tu porcentaje de ahorro y tu futuro económico. Vas a tener un problema de por vida si tus gastos son iguales o mayores a tus ingresos. Si gastas todo tu dinero en cosas que tienen nulo o bajo factor de ahorro, vas a ser pobre aunque lleves un nivel de vida bueno.

$$SLDR = \frac{\sum(Gastos * C) + (Ingresos - \sum Gastos)}{Ingresos}$$

Recuerda, hay tres cosas en la que puedes gastar tu dinero: **Inversiones** (su valor crece con el tiempo), **Ahorro** (su valor se mantiene o decrece poco con el tiempo) o **en la nada** (no tiene valor de ahorro)

El tiempo pasa y empiezas a notar que tus ahorros suben. Sin embargo, inclusive cuando estás invirtiendo tu dinero en bonos del gobierno (3% de tasa de interés) sabes que no está creciendo lo suficientemente rápido. Te das cuenta que todos tus ahorros los estás guardando en cosas que generan crecimiento debajo de la inflación y consideras comprar activos. Buscas opciones de inversión y te das cuenta que si compras y revendes autos vas a tener un mayor crecimiento comparado con el que te está dando el banco. Si haces la compra y la venta en el mismo año, el auto no pierde su valor.

Tip: La composición de tu Lago de la Riqueza está hecho por ahorros líquidos, activos y deuda. Los ahorros líquidos son el dinero que puedes utilizar en cualquier momento. Generalmente, el dinero por si sólo tiene poco o nulo crecimiento. Si compras un bono a 30 días y no puedes usar el dinero para algo más, lo debes de considerar como un activo y no como ahorro líquido.

> *Lago de la Riqueza*
> $$= Ahorros\ líquidos\ (\$)$$
> $$+ Ahorros\ cautivos\ (Activos)$$
> $$- Aceite\ (Deuda)$$
>
> Recuerda llevar registro del tamaño de tu Lago de la Riqueza en diferentes periodos para que sepas si estás creciendo o no.
>
> *Crecimiento del Lago de la Riqueza*
>
> $$= \frac{\dfrac{Lago\ de\ la\ Riqueza\ 2014}{(1 + Inflación\ entre\ 2014\ y\ 2013)} - Lago\ de\ la\ Riqueza\ 2013}{Lago\ de\ la\ Riqueza\ 2013}$$

Juntas suficiente dinero para comprar dos autos al mismo tiempo y lo haces. Ves que tu dinero crece ahora más rápidamente. Continúas trabajando en tu empleo actual e implementas lo que has aprendido en tu tiempo libre. El gerente nota tu esfuerzo y te da un pequeño incremento en tu sueldo antes del aumento por año (por inflación). Sabes que no es mucho, pero que él note tu mejoría significa que estás haciendo las cosas bien.

> **Tip:** La multiplicación del dinero es lo que hace a una persona verdaderamente rica. Si compras una casa para rentarla, tardará aproximadamente 20 años en pagarse

sola (depende del porcentaje de renta obviamente). Si después de que recibes todo el dinero de vuelta compras otra casa, tomará la mitad del tiempo en que puedas comprar una tercera. El tiempo de espera se reducirá casa con casa. Entre más esperes en sacar tu dinero, más rápido crecerá. Si eres impaciente y sacas tu dinero inmediatamente nunca serás rico.

Te das cuenta que en ciertas partes de tu país puedes encontrar automóviles muy baratos que se venden por mucho más en tu ciudad. Vas al banco a pedir un préstamo para hacer el negocio pero te lo rechazan debido a que no tienes historial crediticio. Tramitas una tarjeta de crédito con un límite bajo para empezar a generarlo. Le cuentas a tu papá la opción de negocio que tienes y te presta dinero. Notas que pese a que tienes que compartir parte de la ganancia, en general tienes mayores ingresos porque estás vendiendo muchos más autos.

Tip: Invertir deuda es magia. Puedes crear crecimiento del bolsillo del vecino y quedártelo para ti. Sí, tan poderoso como puede llegar a ser, puede funcionar en tu contra. Un mal paso puede dejarte con una cuenta impagable. El truco es saber cuánta deuda puedes manejar.

Si tus ingresos son 30,000 PESOS al mes y tus gastos son 25,000 PESOS, puedes utilizar los 5,000 PESOS extras para adquirir un crédito para hacer un negocio. Si por alguna razón las cosas no salen como pensabas, todavía tienes ese dinero extra para pagar el crédito al banco mes con mes y no caer en insolvencia.

Te gusta una de tus amigas de la infancia y decides empezar una relación seria. Al cabo de un tiempo decides casarte con ella. La convences de no gastar sus ahorros en la boda y ella acepta. Los dos piensan que un presente moderado significa un mejor futuro. Además, deciden no tener hijos por un tiempo.

Tip: Tus decisiones de vida afectan tu futuro económico. Si decides tener hijos, se van a incrementar tus gastos. Al saber las consecuencias puedes planear y actuar de acuerdo a tus objetivos. Tal vez es mejor esperar un par de años como pareja antes de tomar el primer paso. El crecimiento futuro es afectado por las decisiones presentes. Haz decisiones informadas.

Ella está desesperada y te presiona para que compren una casa puesto que no tienen ningún verdadero patrimonio.

No estás de acuerdo con ella y la convences que comprar una casa en ese momento sólo va a prevenir el crecimiento futuro y que estás haciendo mucho más dinero con tu negocio actual.

Evitas tener muchos ahorros líquidos (dinero en el banco) porque te ofrecen bajos rendimiento por lo que te enfocas en comprar activos a corto plazo que te den un crecimiento moderado. Sabes que no importa que sólo consigas un 7% de utilidad por cada venta de autos si no que repitas la operación varias veces al año.

Tip: Tener todo el dinero en el banco sin estar haciendo una verdadera inversión significa que estás perdiendo capacidad adquisitiva debido a la inflación y que tu Lago de la Riqueza realmente no está trabajando para ti. Necesitas enfocarte en activos que hagan que tu lago crezca por sí solo. La deuda incrementa tus ahorros líquidos y/o tus activos, pero previene crecimiento futuro si el interés pagado es mayor al crecimiento del activo.

Revisas tu historial crediticio y te das cuenta de que ya puedes pedir un préstamo para tu negocio. Incrementas el número de autos. Cambias tu trabajo actual y te avientas con un emprendedor que quiere poner un negocio. Él te ofrece el mismo sueldo pero a cambio de tu trabajo te paga con un porcentaje de la empresa. No lo puedes creer, pero te das cuenta que los mismos errores que cometían en tu trabajo anterior son los mismos que se cometen en otro tipo de negocios, independiente si el giro es totalmente diferente. Utilizas tus conocimientos adquiridos para mejorar tu trabajo actual.

Tip: Necesitas un historial crediticio si quieres crecer con deuda. Consigue una tarjeta de crédito y utilízala como si estuvieras utilizando efectivo. No incrementes tus gastos. No te endeudes. Paga inmediatamente lo que compras.

Tu esposa y tú deciden tener un hijo. Sabes que esto no te va a hacer rico económicamente, pero es el momento indicado para tomar este paso en tu vida. Tienes todo cubierto. Tomaste el tiempo necesario para hacer los cambios para no tener ningún impacto negativo en tu vida. Las decisiones difíciles con una buena planeación no tienen impactos negativos.

> **Tip:** Una cuidadosa planeación y buena ejecución significa una alta probabilidad de éxito. Obviamente, algo puede salir mal, pero al menos no fue un resultado auto-impuesto. Si gastas más de lo que puedes, seguramente vas a tener un problema económico. Esos son problemas auto-impuestos.

Todo va perfecto. Sí, tal vez no esperabas tener dos hijos en vez de uno, pero estás mucho mejor preparado que la mayoría de las personas que conoces. Hay una diferencia enorme entre que la vida suceda y que le des dirección a tu vida. Recuerda que eres tan ignorante como tú quieres que seas.

> **Tip:** Si no sabes algo, investígalo en internet. Si no encuentras la respuesta, pregúntales a otros. Si ninguna de las respuestas es suficientemente buena para ti, estudia y crea el camino para otros. La ignorancia no es felicidad, porque el resultado no va a ser el mismo.

Tu compañía está funcionando excelente y está en constante crecimiento. Estudias durante tus tiempos libres para mantenerte al día. Sigues trabajando duro y en dirección a tus objetivos. Por alguna razón, te encuentras a ti mismo ganando más de lo que necesitas. Decides no perder el piso con el dinero que recibes y tomas una posición conservadora en cuanto a tus gastos. Sí, tienes suficiente dinero para comprar una casa más grande, un mejor auto, una mejor escuela para tus hijos y una mejor vacación, pero sigues creyendo que puedes ir más lejos. Incrementas tu nivel de vida sólo un poco, suficiente para hacerte sentir mejor, pero conservadoramente para seguir creciendo con rapidez.

> **Tip:** Mantén tu estilo de vida y no te comas tus ahorros. Tus gastos no deben de afectar el crecimiento de tu Lago de la Riqueza. Si tu ingreso se duplica, no dupliques tus gastos.

Tienes varias compañías y las administras una independiente de la otra. Revisas tu Lago de la Riqueza cada tres meses para saber tu dirección. Indirectamente, al revisar tu Lago de la Riqueza estás revisando cada una de tus compañías a detalle y las mantienes en buen camino. Recuerda que a pesar de que tus compañías son activos en tu Lago, hay personas que trabajan en ellas. Si ayudas a tu gente a crecer (de una forma sana), ellos ayudarán a tu empresa a seguir creciendo.

> **Tip:** Ayuda a tu compañía a crecer saludablemente con las personas que trabajan en ella. Si haces que su vida sea miserable, sinceramente no vas a llegar a ningún lado.

Epílogo

Suspiras y te levantas de un sueño pesado. Abres los ojos y ves que el Lago que pensabas que tenías no es más que un pequeño estanque. No te estresas, sabes que no tienes control de lo que ya es, pero si tienes control de lo que será. Tal vez no ganarás la lotería. Tal vez no tendrás rascacielos con tu nombre. Tal vez no serás el más rico del mundo, pero algún día tu pequeño Lago será más grande. Algún día tu estanque se convertirá en una gran represa. Es sólo cuestión de tiempo y de trabajo duro.

www.ingramcontent.com/pod-product-compliance
Lightning Source LLC
Chambersburg PA
CBHW070905180526
45168CB00005B/1936